中国满族图录丛书

满族碑石

八旗满洲卷

李林 主编

上

辽宁民族出版社

民族文字出版专项资金资助项目

图书在版编目（CIP）数据

满族碑石．八旗满洲卷：上、中、下：满文、蒙古文、藏文、维吾尔文、汉文 / 李林主编．—沈阳：辽宁民族出版社，2019.10

（中国满族图录丛书）

ISBN 978-7-5497-2056-9

Ⅰ．①满…　Ⅱ．①李…　Ⅲ．①满族—碑刻—汇编—中国　Ⅳ．①K877.42

中国版本图书馆CIP数据核字（2019）第125328号

满族碑石．八旗满洲卷

MANZU BEISHI. BAQI MANZHOU JUAN

出版发行者：辽宁民族出版社
地　　址：沈阳市和平区十一纬路25号　邮编：110003
印 刷 者：辽宁新华印务有限公司
幅 面 尺 寸：210mm×285mm
印　　张：73.5
字　　数：510千字
图　　片：1680幅
出 版 时 间：2019年10月第1版
印 刷 时 间：2019年10月第1次印刷
责 任 编 辑：吴昕阳
封 面 设 计：杜　江
责 任 校 对：王　荷

标准书号：ISBN 978-7-5497-2056-9
定　　价：1680.00元

网　　址：www.lnmzcbs.com　邮购热线：024-23284335
淘宝网店：http://lnmz2013.taobao.com
如有印装质量问题，请与出版社联系调换　联系电话：024-23284340

主　　编 / 李　林

副 主 编 / 吴昕阳

撰 稿 人 / 李　林

图片拍摄 / 李　林

协助拍摄 / 董瑞霞　吴昕阳

碑文整理 / 李　林　吴昕阳　李　璜　杜璐珊

出版说明

所谓少数民族古籍，大体包括三方面内容：一是指用少数民族文字和民族古文字记载的文献典籍和历史文书，还有一些金石铭刻；二是有关少数民族资料的古代汉文文献；三是各民族世代流传下来的具有文化价值的口头传承资料。少数民族古籍，数量浩瀚，价值珍贵，堪称中华民族文化宝藏中的一颗璀璨明珠。它的发掘、整理和利用，为我们提供了新鲜史料，对于民族历史、文化的深入研究，对于中华民族优秀文化的继承和积累，都具有重要的学术价值和现实意义。

辽宁省是祖国多民族省份之一，除汉族外，55个少数民族都有居住。其中发祥于辽宁的满族，还有蒙古族、回族、朝鲜族、锡伯族等世居民族，均有悠久的历史和灿烂的文化，并藏有大量的民族古籍，然而有相当数量的民族古籍散落于民间或流失于国外。因此，抢救、整理和出版少数民族古籍，时间紧迫，任务艰巨。

根据全国少数民族古籍工作的原则和要求，我们已制定出全省少数民族古籍工作规划。经过协商，辽宁省被推选为北京、河北、内蒙古、辽宁、吉林、黑龙江、新疆等七省、直辖市、自治区的满族古籍工作的牵头省。

遵照有关抢救、整理和出版少数民族古籍的指示精神，结合辽宁省少数民族古籍蕴藏丰富、独具特色、弥足珍贵的特点，我们以整理满族古籍为重点，兼顾其他民族古籍，并注意与省内外协调一致，力求少数民族文字和汉文民族古籍整理并重。

按照民族古籍的种类、版本和出版的需要，整理方法分为：少数民族文字采取影印、汉译、译编、原文与汉译合编、汉译与研究等形式；汉文采取影印、缩印、点校、校注、选辑等形式。通过这些不同的形式和方法，对民族古籍进行科学整理，使今人和后人更方便阅读和使用古籍，更好地为各学科领域的研究提供翔实的文献资料，从而实现民族文化资源共享和促进各民族间的文化交流。

对我们的工作，国家和省内外有关部门及专家给予了大力的支持，谨致谢意。由于我们水平有限，缺乏工作经验，粗疏错误之处在所难免，希望读者给予指正。

辽宁省少数民族古籍整理出版规划办公室

总前言

碑石是指刻有文字的石头，简称为碑。在我国，碑石的产生由来已久，东汉时期，碑的形制逐渐规范。历经岁月沧桑，现仍存有数量众多的中国历代碑石。人们将其美誉为写在石头上的书。

一、满族碑石概述

满族碑石是指旗人及与旗人密切相关的碑石。在清朝，由于满族贵族身居统治地位，享有特殊的权利，树碑立传已成为当时的一种时尚。近四百年来，虽然满族碑石损失巨大，但存世数量仍令人叹为观止。这些碑石独具特色，记录了丰富的满族历史信息，极有价值，极为珍贵。满族碑石已经成为中华民族文化遗产的重要组成部分。

（一）碑石的现状

1. 数量众多。以满族贵族为核心的大清帝国统治中国长达二百六十八年之久，是中国历史上最后一个封建专制皇朝。满族在维护多民族国家统一、边疆的开发、文化的继承和发展等方面，都做出了巨大贡献，惠及千秋。由于满族贵族身居统治地位并享有特殊的权利，满族承袭有序的氏族文化，汉族儒家文化的熏陶，盛世之下奢靡之风兴起等因素，促使满族社会立碑之风盛行。加之乾隆皇帝的好大喜功，对碑石更是情有独钟，无疑又起到推波助澜的作用。仅据《雪屐寻碑录》《辽海丛书》《碑传集》《八旗文经》《北京图书馆藏中国石刻拓片》《北京图书馆藏北京石刻拓片目录》《全国满文图书资料联合目录・石刻拓片・满文碑刻目录》中所载，涉及数以万计的清代碑石，其中含有众多的满族碑石。在《雪屐寻碑录》中，就有清末旗人盛昱搜集的北京旗人碑石，仅墓碑就达八百多通。结果是现在在一些地区，例如北京、辽宁、河北，还有江南、泰山、五台山等地与满族相关的碑石林立，仍存有一千五百余通。虽然由于时代的变迁、人为的破坏、自然的风化，满族碑石损失巨大，但存世数量仍然令人惊叹。满族碑石可以用三多来形容：数量多，损失多，存世多。

2. 分布广泛。满族碑石分布极为广泛，遍布中华，乃至境外。分布的重点地区是：

发祥圣地东北地区，京畿要地京津唐地区，避暑山庄承德地区，南巡沿途江浙地区，儒家圣地山东地区，边陲荒漠西北、西南地区。无论是在高山峻岭之上，还是平原沃野之中，无处不在，分布之广无与伦比。

3. 研究成果。近年来对于碑石的研究取得了可喜的成果。北京市文物研究所的《清代园寝志》、冯其利的《京郊清墓探寻》、杨海山的《京郊清代墓碑》、刘小萌的《清代北京石刻中的旗人史料》等书籍和文章中，都记述了北京地区清代碑刻的现状及价值。辽宁、吉林、黑龙江、河北、甘肃、江苏、广东等省及沈阳、鞍山、辽阳、营口、本溪、杭州、武威等市编辑了《碑志》，其中收录了许多与满族有关的碑石。河北少数民族古籍办公室专门组织编辑了《河北满族蒙古族碑刻选编》，收录了河北地域内150余通满族碑石的碑文。其他一些地区也有类似情况。

4. 碑石保存。文物管理部门对碑石的保存力度不断地加强。满族碑石的保存采取集中保管与分散保管相结合的方式。集中保管有的对外开放，一般称为碑林。分散保管是将个别碑石用铁栅栏围起，禁止游人入内。但有许多碑石或立或倒在山林、旷野、农田之中，因存世数量多，文物管理部门难以顾及，一些碑石被砸、被盗现象屡见不鲜，碑石保存的现状令人担忧。

（二）碑石的特点

1. 种类多样。根据碑石的性质、功能，满族碑石的名称不同，有墓碑、神道碑、诰封碑、谕祭碑、墓志铭、谕旨碑、训诫碑、记事碑、纪功碑、德政碑、抒怀碑、诗文碑、题字碑、经文碑、警示碑以及碑帖、石刻线画等。

2. 内容丰富。满族碑石所载内容广泛，有人物、战绩、民族、宗教、文字、书法、风俗、名胜古迹等，涵盖了满族政治、经济、文化等诸多方面。清帝御制诗文碑更是大行其道，其中乾隆帝弘历的诗文碑，数量之多，内容之丰富，可谓一大奇观。

3. 皇帝独尊。由皇帝撰文或书写或下令制作的碑，一般称为御制碑。御制碑数量最多，今存有千余通，约占满族碑石的五分之三。这些碑石规格最高，体量最大，通高有的达六米多。它们多数存于华丽宏伟的碑楼之中，彰显着皇家气派。除诗文碑外，绝大多数御制碑镌刻有多种少数民族文字，既显示对各民族的尊重，又向国人宣示一统天下的威严。在清帝御制碑中“圣德神功”碑最为壮丽威严，可称得是“天下第一碑”。这些御制碑所载内容丰富，涉及治国理念、国家统一、尊孔崇儒、民族宗教、战争纪实、告诫八旗、尚武行围、人物评论、诗词歌赋、书法临摹、石刻线画、城建治河等诸多方面。清帝御制碑体量之大、数量之多、内涵之深、文辞之雅、雕刻之美、制作之精、受众之广、价值之高，历代无可比拟，将碑石文化推向巅峰。

4. 一人多碑。满族贵族的碑石，大多数是一人多碑。其中有的人同时拥有由皇帝或朝廷撰写的祭文镌刻于碑上，并遣官致祭的谕祭碑；朝廷颁发的诰命敕书镌刻于碑上，以示宠贵的诰封碑；记载家世及生平事迹的墓碑；以及神道碑、功德碑等。场面壮观，尽显光宗耀祖与奢侈无度之风气。

5. 多种文字。根据碑中所载内容、所处的地域等不同情况，满族碑石中常镌刻有汉文及多种少数民族文字，其中有满汉文合璧、满蒙汉文合璧、满汉蒙藏文合璧，满汉蒙藏维文合璧，反映出多民族文化的交融，彰显着和谐之美。镌刻多种民族文字无疑对于碑文内容的传播也起到了促进作用。

6. 雕刻精美。满族碑石形制多样，竖立横卧、龟趺透龙、圆首方趺，千姿百态。碑石上雕刻的瑞兽生动逼真，雕刻的花卉争奇斗艳；碑额雕龙栩栩如生，呼之欲出；龟趺庄重威严，气势磅礴，尽显力量。可以说每座满族碑石都是一件绝美的艺术精品。

7. 体量硕大。依照官员等级的高低，碑的大小不等。满族贵族的碑石，竖碑通高达四米多、宽一米左右、厚四十厘米左右；卧碑长度四米、高三米，蔚为壮观。

8. 规制严格。清朝对立碑人、碑的大小、样式，都要按照官员等级，有严格的规定，例如：

宗室王公：顺治九年（1652）规定，凡亲王至辅国公，御祭二次，派遣官员至坟前读祭文致祭。宗人府请赐谥号，撰写碑文。工部负责制碑建亭，贝勒以下碑自建，按爵位赐予不同数额的丧葬费。镇国将军至奉国将军，赐祭二次，祭文一，立碑；对于给予谥号，可临时请旨。奉恩将军赐祭无祭文，不立碑，不给予谥号。

贵族官员：顺治十五年（1658）规定，部、院官员加秩至一、二品，致祭，立碑；三品满三年者如之，未满只祭，不立碑。护军统领、副都统、前锋统领、步军总尉考满视三品，如为男爵，致祭，立碑。参领、前锋参领满三年，致祭，不立碑。四品卿、少卿考满者同，否则不给祭文。阵亡者不论品级，获请恩恤。内大臣、都统、大学士、尚书、护军统领、副都统、前锋统领、侍郎、学士、步军总尉原品级退休者，致祭，立碑同。现任轻车都尉、佐领、骑都尉、郎中、员外郎、主事，致祭，无碑文。承袭公、侯、伯有职者，依职任予恤，否则只给祭品。其后历年有所变动。

碑石形制：公、侯、伯螭首高三尺二寸，碑身高九尺，宽三尺六寸，龟趺高三尺八寸。一品螭首、二品麒麟首、三品天禄辟邪首、四品至七品圆首方趺，尺寸按品级递减。圹志用石二片，一为盖，书某官之墓；另一块为底，书姓名、乡里、三代、生年、卒葬日和子孙墓地。

（三）碑石的价值

1. 文化遗产。满族碑石是中国历代碑石的继承和发展，是中国历代碑石重要的组成部分，是中华民族的宝贵遗产。满族碑石因其民族特征，作为文化遗产，更能展现多民族文化的多彩与融合，增加文化遗产的多样性和厚重感，更具有特殊的意义。御制碑就是其中的代表，成为中华文化史的重要组成部分，是当之无愧的中国与世界文化遗产。这在中国和世界史上都是独一无二的，这一独特的历史现象可以称其为奇迹，令世人刮目相看。

2. 诉说历史。以碑说史，以碑补史，以碑证史。碑石上丰富的信息诉说着满族的历史文化。由于满族碑石种类的多样性以及众多的存世量，其所涉及的内容极为广泛；由于满汉、满蒙汉、满汉蒙藏等文字的合璧，可以通过多种文字相互印证，去伪存真；由于墓碑碑文多由家族或请高官名流私人撰写，有利于对八旗人物的了解和研究；显示身份地位的诰封碑、谕祭碑，可弥补史书不足；满族出身的皇帝碑石数量最多，分布地域最广，内容最丰富，政论、诗刻、题字无所不包，为我们从另一角度观察帝王所思所行，提供了史料；处于满族下层的兵丁碑石，提供了细致入微的史实，史料价值与满族贵族相比毫不逊色。这些碑石折射出同一个朝代、同一个民族，不同时期的社会风貌，可以说每通碑石都是一个故事、一部传记、一段历史的述说。碑石再现的是客观真实、形象生动的满族，对深度感知满族大有裨益。

3. 文化传承。满族碑石矗立于世，不但是在述说历史，它也是一个时代的符号，一个民族的符号，它更是文化的一种传承。这种传承彰显了中华文化的异彩纷呈，这种传承使我们可感知到满族碑石的独特神韵，令人震撼。目睹满族碑石的现状，提示我们应该加大满族碑石的保护力度，更加重视满族文化的传承。

4. 文化交融。满族碑石中满汉、满蒙汉、满蒙汉藏等文字合璧的碑石，在中国历代碑石中独树一帜。它反映出多民族文化的交融，对其他民族的尊重。它易于各民族的阅读，有利于民族融合，从而达到社会和谐、民族和谐、社会稳定。满族碑石承载的如此厚重的满族历史文化，绝无仅有，影响深远。

二、《满族碑石》图录

《满族碑石》图录是《中国满族图录丛书》的一部分，是全国现存满族碑石图片的总汇。它首次全面、系统地展现满族碑石多姿多彩的全貌，运用现代技术，现场拍照，真实、客观地展现每一通碑的实景真容和特点。《满族碑石》分为八旗宗室与八旗官兵碑石和清帝御制碑石两部分，从不同的角度展示出《满族碑石》独特的价值，使得各类读者都可看可读，各取所需，各得其所。

（一）收录历程

早在20世纪80年代，辽宁大学历史系清史研究所编写《满族通史》时，我们即开始进行了满族碑石的收录工作，得到了许多珍贵图片，部分已被《满族通史》采用。同时也在筹划日后将这些图片编辑成书，成为《满族通史》的姊妹篇。可惜由于《满族通史》的主编李燕光先生去世而中断。

2006年，在辽宁省民族事务委员会、辽宁省少数民族古籍整理出版规划办公室、辽宁民族出版社的大力支持下，重新开始进行满族碑石的收录工作。到2016年，历经十余年，行程八万余公里，踏着满族先辈的足迹，西达伊犁，东至江浙，北到黑龙江，南抵两广。2012年，作者曾经自驾行驶八千公里，到达祖国西部边陲新疆伊犁昭苏县格登山，在伊犁哈萨克自治州人大原副主任关伊梅女士和伊犁哈萨克自治州博物馆研究员安英新先生的协助下，考察了乾隆帝御笔《平定准噶尔勒铭格登山之碑》，该碑标志着新疆的统一。此次考察取得了丰硕的成果。目前已收集满族碑石一千五百余通，图片三万余幅。

（二）碑石界定

满族有着悠久的历史，其先世可以追溯到商周时期。满族有记载可考的直系先祖是明代生活在松花江下游依兰地区的女真人。满族是以明代建州女真、海西女真为主体并吸收了黑龙江地区的女真人、许多汉族和蒙古族及其他民族成员，在十六世纪末至十七世纪初，形成的新的民族共同体。他们分别被编入满洲、蒙古、汉军八旗之中，清末总人数已达五百二十六万余人。这些八旗之人后来简称为“旗人”。在四百余年的交往中相互融合，这些人大部分成为今天的满族；即便没有自报满族，也是与满族息息相关。因此《满族碑石》中除收录了八旗满洲的有关碑石图片之外，也收录了八旗汉军、八旗蒙古的有关碑石图片。与此同时，还收录了少量的与满族联系密切的汉族、蒙古等其他少数民族有关碑石图片。另外，为了说明满族形成和发展的过程，满族先世的有关图片也收录其中。

目前学术界对汉军旗人是否是满族持有不同观点。我们认为在现实生活中曾经是汉军的旗人，大多数自报满族，并被国家有关部门依法认定。简而言之，虽然旗人不完全（不能等同于）是现代意义的满族，但现代的满族却都是旗人的后代。因此，碑石图录收录了汉军旗人的碑石。以此方式处理，是为适应当前的民族政策和不同的读者需求，让读者视野更宽广，让《满族碑石》的生命力更长久。

（三）碑石总汇

总汇是《满族碑石》中最鲜明、最突出的特征。它是一项极具开拓性、挑战性的系统文化工程。凸显现存满族碑石的完整性，是碑石总汇的宗旨。到目前为止，仍然没有一部能真实、全面、系统、科学地存储和展示全国现存满族碑石图片总汇的图录，难以见到满族碑石的实景真容和全貌，对于研究或了解满族历史和满族碑石的人带来极大的不便，也不利于碑石文化的传承与发展。这不能不说是一件憾事。《满族碑石》正是为此而做，将真实、全面、系统、科学地存储和展示现存的满族碑石。

《满族碑石》共收录有关满族碑石一千五百余通，图片三万余幅。它将目前分散在全国各地的满族碑石以图片的形式编辑在一起，使读者既能窥视全貌，又能探究每一通碑石，从深度和广度上，把握满族碑石，从而更全面地了解满族历史文化和碑石文化。

（四）完美展现

碑石是由碑体和碑文组合而成的，两者完美地结合才能发挥碑石的功能。碑石的核心是碑文，但作为载体的碑体也至关重要。碑体构建的体量、雕刻、形态都有特定的寓意，无不体现出碑石本身的重要程度以及碑主人的身份地位。不论是庄重、华丽，还是简约、质朴，各有所代表的含义。

《满族碑石》中收录的碑石图片，除个别外，均是现场实物拍照，是现存碑石的真实写照，是实景真容。通过图片可以窥视到每通碑的碑座、碑身、碑首的独特风采及沉淀在碑石上丰富的历史信息和富有时代感的沧桑。图片中的碑石极富寓意的构建，精美的雕刻，多种文字的镌刻，完美地展示出碑石的风采和独特的韵味。《满族碑石》正是满族碑石完美展现的荟萃。

（五）独特价值

《满族碑石》的价值包括两个方面，一是碑石的本身价值，二是《满族碑石》的价值。碑石的价值在“满族碑石概述”中已有所论述，不再赘述。在此着重叙述《满族碑石》的独特价值。

1. 尽显真容。满族碑石的独特魅力，吸引人们的眼球，一览其真容实貌，已成为许多人士的愿望。但是令人遗憾的是，因其分布地域广阔，大江南北，边陲荒漠，无处不在，我们想要目睹其全貌，几乎是不可能的事。《满族碑石》就是将这种不可能变成可能，将现存的满族碑石影像荟萃于一身，从而实现对这些碑石一览无余的夙愿。《满族碑石》将首次全面地、系统地、真实地展现出它的多姿多彩的风貌以及所承载的厚重历史文化，必将成为传承和保护中华民族文化的经典之作。

2. 世代传承。碑石的本身虽具有文化的传承功能，但在历史的长河中，各种原因均能造成碑石的损坏或消失。实景真容的碑石图片收录在《满族碑石》中，不但为了解和研究满族碑石提供了便捷的渠道，还可使碑石影像世代相传，即使碑石消失，仍可使我们能一睹其风采。这对于碑石的传承、碑石文化的发展，无疑是功不可没。《满族碑石》的问世无疑有利于满族碑石的抢救、保护、传承和民族文化的繁荣。

3. 弥补不足。现存碑石拓片有两处不足，一是目前能见到的满族碑石拓片很少，仅能从公开出版的有关拓片的书籍中挑选，例如《北京图书馆藏中国石刻拓片》；二是有些碑石拓片局部模糊不清，或有个别漏字现象。《满族碑石》图片是碑石的真实写照，它既能弥补碑石无拓片之不足，又能以实景图片与拓片相互印证，弥补个别拓片不清楚的缺憾，二者结合，相得益彰。当然如若将无拓片之碑，制作拓片，弥补拓片之不全，则更有意义，图录为此提供了路径。

4. 促进文保。文物保护是每个公民应尽的义务。近年来，满族碑石的保护取得了可喜的成果，但因环境所限和人力、物力的不足，还有许多不尽如人意的地方。《满族碑石》中有时为了展现碑石的全貌，拍摄到的碑石中有的破损卧地，七零八落，有的废弃在建筑物中，有的废弃在垃圾堆中。此举虽是无意，但希望能借此提高我们的保护意识，提醒我们保护满族碑石工作刻不容缓，任重道远。

5. 应用广泛。《满族碑石》具有广泛的适用性。《满族碑石》是满族碑石的总汇，它以其特有的系统性、完整性、客观性，用不同以往的新视角完美地展现了满族的历史文化和中华民族的碑文化发展到顶峰时的盛况。这就决定了《满族碑石》具有特殊的学术价值、收藏价值和应用价值。它不但能满足广大满族同胞了解满族历史及寻根问祖的愿望，也能满足专业人士和一般读者的需求。它可以为文物保护部门、民族事务部门的工作提供参考，更适合各级图书馆的收藏。充分发挥、释放碑石的功能为当代服务，其价值更是无法估量。

（六）科学编排

《满族碑石》以自主图片为主，同时也吸纳了我们难以拍摄的他人图片及前人的研究成果，以期全面客观地展示满族碑石全貌。以碑的内容科学地分类与编排，《满族碑石》分为八旗宗室与八旗官兵碑石和清帝御制碑石两部分，共计十二册。每部分由总前言、前言、编辑说明、致谢单位与个人、目录、引言、碑石、碑文辑录等组成。每通碑由若干幅图片组成，其中有碑体、碑额、碑身、局部、碑座、拓片，以及相关的图片。每通碑均有文字说明。我们先行出版《满族碑石》中的八旗宗室与八旗官兵碑石部分，共计六册，清帝御制碑（六册）将于2021年出版。

在满族碑石图片收集的过程中，承蒙社会各界人士的大力支持和鼎力协助，《满族碑石》才得以问世，在此表示真诚的谢意和深深的敬意。详细名单在“致谢单位与个人”中列出，你们的帮助将永远铭记在心。

前 言

八旗宗室与八旗官兵碑石是《满族碑石》的一部分，分为《满族碑石·八旗宗室卷》《满族碑石·八旗满洲卷》《满族碑石·八旗汉军蒙古卷》，共收录现存旗人碑石六百五十通，约占《满族碑石》图录总数的五分之二，涉及八旗人物六百余人，内容丰富，价值巨大。

明万历二十九年（1601），努尔哈赤初设四旗，1615年增至八旗，即八旗满洲。旗下设有固山、甲喇、牛录，五牛录为一甲喇，五甲喇为一固山，每牛录有丁三百人，形成严密组织结构。八旗具有军事、行政、生产职能，入则为民，出则为兵。

皇太极即位后，又组建了八旗蒙古、八旗汉军。从此，八旗满洲、八旗蒙古、八旗汉军的八旗制度确立。八旗满洲是八旗制度的核心及中坚力量；八旗蒙古是重要依靠；八旗汉军是辅助力量。八旗制度成为满族社会根本的政治制度，是立族之本，也是清朝立国之基。崇德元年（1636），建立了以满族贵族为核心的清朝，满族出身的皇帝成为清朝最高统治者。八旗制度影响中国社会三百余年，直至清帝退位，八旗制度才宣告终结。该制度延续时间如此之长、影响如此之深，在中国历史上是罕见的。

由于八旗在清朝所处的特殊地位，使得八旗之下的各类人物，尤其是八旗贵族，生前占据要职，地位显赫，财富殷实，有清一代的重要历史事件，无一没有八旗人物的身影。他们死后受到皇帝的恩宠，竞相建墓，树碑立传，光宗耀祖，荫及子孙后代。这些正是八旗人物碑石存世众多及在辽宁、京郊曾经举目皆是的原因之一。

八旗宗室与八旗官兵碑石，主要分布在辽宁、吉林、北京、河北、天津、新疆等地，其中北京、辽宁最多。本书将这些碑石分类编辑为八旗宗室、八旗满洲、八旗汉军、八旗蒙古四部分。这些八旗人物碑石的种类有墓碑、神道碑、诰封碑、谕祭碑、墓志铭、功德碑、题字碑等，涉及八旗的各类人物，既有宗室王公与公主，也有满蒙汉八旗的达官贵族和八旗兵丁；其记载的内容极为丰富；其碑文文字多为满汉合璧；其造型雕刻颇具艺术性。八旗人物碑石的价值就不言而喻了。

其中家族碑群尤为引人注目。家族碑群，即一个家族众多碑石的汇集。家族碑群规制严谨，承袭有序，其中有穆尔哈齐、舒尔哈齐、何和礼、索尼、代善、纳兰性德、图海、海望、傅恒、董德贵、德音、尚可喜、范文程、马鸣佩、高斌、丹津等四十余个家族碑群。每个家族碑群就是一部家族史，为我们研究这些家族提供了难得的史料，有助于判断个体在家族中的地位以及整个家族在社会中的历史地位。家族碑群使得家族的传承性一目了然，可以深入了解八旗的独特承袭制度、承袭有序的氏族文化、满族贵族享有的特殊权利，以及深受汉族儒家文化的熏陶状况。

编辑说明

为便于读者阅读，现将图录编辑中的若干原则和处理方式说明如下：

一、整体结构

八旗宗室与八旗官兵碑石分类编辑为三种六册。第一种八旗宗室卷一册，收录王公、闲散宗室和公主。第二种八旗满洲卷三册，上册收录觉罗、官员；中册收录官员；下册收录官兵；第三种八旗汉军蒙古卷二册，上册收录汉军异姓诸王及后代、汉军官兵；下册收录八旗汉军官兵、八旗蒙古官兵。每册后面附有碑文辑录、参考书目等。

二、排序原则

总体上按立碑年代的先后顺序编排，但又不拘于固定格式。对于同一家族碑石，包括子孙后代，为保持家族的完整性，相对集中在辈分最高者或家族中代表人物名下，依次排列。对于难以判断立碑年代的诰封碑、御祭碑等，参考碑文中记载的年代排序。八旗宗室卷中世系不明者，按立碑时间依次排列在王公后面。八旗满洲驻防兵丁、异姓诸王及后代，因地位特殊，单独编目。对于没有记载具体年代的碑石，先分析、判断所属年号，然后放在年号相同者之后。如康熙年间、乾隆年间。

三、纪年方法

一律以年号纪年，公元纪年放在括号内标注，例如明万历四十三年（1615）、后金天命八年（1623）、天聪五年（1631）。在叙述某一事件时，以事件的主要内容确定选用明朝或后金（或清朝）的年号。1644年之后，以清朝年号纪年。同一年号下的叙事，省略年号，只写某年。

四、碑石名称

原则上以碑石上的碑名为主，并进行编号。如碑石上没有注明碑的种类，将根据碑额或碑文内容分析确定是诰封碑，还是谕祭碑或是墓碑。若没有碑名，作者根据碑文内容确定。宗室王公及公主碑名以所封爵位为主。官员碑名中的官职以碑文中记载的相关职务为主。图片说明中的碑名只写名字和碑的种类，如图海诰封碑、凯音布谕祭碑、徐元梦墓碑。

五、一碑多名

同一碑面刻有两种不同碑文内容，以右侧碑文所载内容确定碑名，左侧碑名放于右侧碑名之后的括号内。如巴图碑，右侧是诰封文，左侧是谕祭文，故称此碑名为“巴图诰封碑（左为谕祭碑）”。同一通碑，碑阳、碑阴均有内容，以碑阳内容为碑名，碑阴碑名放于碑阳碑名之后的括号内。如博博尔代碑，碑阳为诰封碑，碑阴为墓碑，故称此碑为“博博尔代诰封碑（碑阴为墓碑）”。

六、多人题名

一通碑石多人题名，首次作为碑名的人物，将展现完整碑石图片。碑中的其他人作为碑名，为避免图片重复则采用局部图片。如哈格、绵洵等捐资重建玉皇庙碑，首次出现命名为“哈格等捐资重建玉皇庙碑”，采用完整图片；其后绵洵再用此碑命名时，则采用局部图片。

七、人物简介

依据现有史料简要介绍该人的满洲姓氏、旗属、籍贯、生平等。个别人物史料中没有记载的，将参照碑文做以介绍，不再特殊说明。一人名下有多通碑，只在首次出现时著录该人物简介，其后出现不再重复著录。

八、图片说明

碑石收藏地点标注省（自治区、直辖市）、市、区、县、村；收藏单位明确者只标注单位。拍摄时的地点与今存地点变动者，另行标注。碑阳的碑额、碑身、拓片等，不标注碑阳。碑阴的碑额、碑身、拓片等，加注碑阴，例如碑阴碑身。本书作者拍摄的图片，不再另行署名。使用他人的图片，说明图片提供者。转录图书中的图片，在说明中简略标注，详情见参考书目。

九、碑石碑文

碑文编辑在每册书后《碑文辑录》中，碑文的序号与目录序号相同。碑文不清楚但能判断字数者用“□”标注，难以判断字数者用“……”标注。括号内文字为作者加注。

十、图片色彩

对于同一通碑石在不同时间拍摄，因季节不同、天气不同、阴阳面不同、存放环境不同等，色彩有所差异。

十一、附加图片

有三种类型：一是作为附录，收录了疑似八旗人物的碑石、八旗人物的先祖碑石、与八旗密切相关而非八旗人物的碑石；二是为更好地了解碑石主人，选用了一些非碑石图片，如人物画像、奏章、任命文书、印章、书法、战绩图、谱书、拓片等；三是木质墓志铭，如满汉蒙古文合璧的固伦荣宪公主墓志铭，在本书中仅此一例。

致谢单位

（排名不分先后）

辽 宁 省／省民族事务委员会（以下简称民委） 省少数民族古籍整理出版规划办公室 省图书馆 省档案馆 省博物馆 省民族宗教研究中心 九三学社沈阳市委员会 沈阳市社会科学界联合会 沈阳市文物考古研究所 辽宁大学历史文化学院 营口市博物馆 瓦房店市博物馆 丹东市民族宗教事务局（以下简称民宗局） 铁岭市民宗局 新宾满族自治县民宗局 本溪满族自治县民宗局 桓仁满族自治县民宗局 宽甸满族自治县民宗局 岫岩满族自治县民宗局 清原满族自治县民宗局 凌源市民宗局 法库县文体广电新闻出版局 新宾满族自治县清永陵文物管理所（以下简称文管所） 绥中县文管所 海城市尚可喜纪念馆

吉 林 省／省民族研究所 吉林市民委 吉林市图书馆 吉林师范大学 伊通满族自治县民宗局 伊通满族自治县博物馆 敦化市文管所

黑龙江省／省民委 省民族研究所 哈尔滨市社会科学院 黑河市民宗局 漠河县政协 哈尔滨市双城区民宗局 哈尔滨市阿城区民宗局 穆棱县民宗局 依兰县民宗局 五常市民宗局 齐齐哈尔市水师营镇人大

北 京 市／市民委 首都博物馆 北京石刻艺术博物馆 西城区文委 门头沟区文委 房山区文委 房山区长辛店镇政府 顺义区文管所 通州区文管所 平谷区丫髻山风景区管委会

河 北 省／省民委 唐山市民宗局 遵化市民宗局 青龙满族自治县民宗局 宽城满族自治县民宗局 丰宁满族自治县民宗局 围场满族蒙古族自治县民宗局 卢龙县文化局 避暑山庄博物馆 隆化县博物馆

天 津 市／市民委 蓟州区文管所

山 东 省／省民委 济南市民宗局 青州市民宗局

内蒙古自治区／自治区民委 通辽市博物馆 赤峰市博物馆

山 西 省／省民委 大同市城区区政府

甘 肃 省／武威市博物馆 永登县文体局 瓜州县文物局

新疆维吾尔自治区 / 自治区民委　伊犁哈萨克自治州博物馆　巴里坤哈萨克自治县文物局　吐鲁番市民宗局　昭苏县文物局　霍城县文物局

福 建 省 / 省民委　晋江市民宗局　长乐市琴江村村委会

浙 江 省 / 省民委　嘉兴市民宗局

湖 北 省 / 省民委　荆江市民宗局　荆江市满族联谊会

广 东 省 / 省民族研究所　广州市满族联谊会

广西壮族自治区 / 九三学社桂林市委员会

(注：以上致谢单位的名称以当年考察拍摄时的称谓列出。)

致谢个人

(按姓氏笔画排序)

于秀丽　马学忠　王成科　王忠野　文小龙　卢同兵　卢秀丽　叶红钢　申志国　付东生
付连刚　白 杰　包英杰　冯 好　邢启坤　朴文英　全跃栋　刘 继　刘小萌　刘庆华
闫立新　关云蛟　关云德　关伊梅　关治平　安英新　安洪涛　许 辉　杜希林　杜璐珊
李 理　李 寅　李 璜　李乌力吉　李荣发　杨继文　杨敏慧　肖景全　吴元丰
吴峰天　何荣伟　何晓芳　佟靖仁　汪宗猷　沙 迹　张 宁　张 虹　张丹卉　张守生
张连兴　张学惠　陈海元　林茂玉　金花顺　金海燕　周 成　周凤敏　庞 淼　郎国兴
赵全明　赵宝祥　钟君丽　洪尚奇　姜慧平　姚 斌　热夏提　贾瑞宏　夏吾勇　徐胜伟
高 峰　高洪秀　郭淑云　黄金刚　崔景章　梁志龙　斯日古楞　韩 利　傅宝仁
溥启华　蔡习军　廖怀志

目录

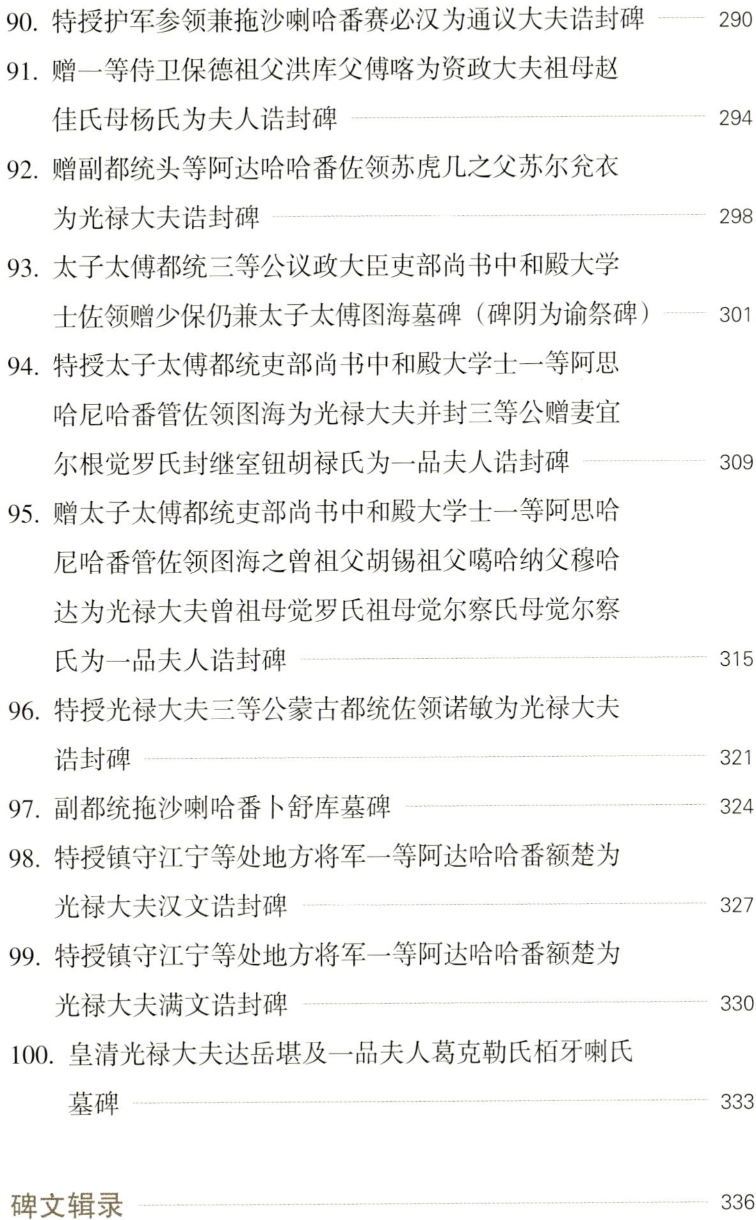

引言

牛录原来是女真人世代相沿的狩猎组织。凡出师行猎时，每十人中立一人为首领，称为牛录（满语，大箭之意）额真（满语，箭主之意）。努尔哈赤兴起时，为了便于军事和狩猎活动，就将这种从事狩猎的组织，改编为统辖三百人丁的基层行政单位和军事单位。万历二十九年（1601），努尔哈赤分拨各牛录，正式建立黄、白、红、蓝四旗组织。旗内分别设有固山额真称都统、副手梅勒额真二人称副都统；甲喇额真称参领；牛录额真称佐领，牛录之下设置副手骁骑校二人及章京四人。五牛录为一甲喇，五甲喇为一固山。到万历四十三年（1615），陆续建成八旗，共计二百个牛录。后八旗辖满洲、蒙古、汉人牛录增至三百零八个，其中满洲牛录二百一十六个、蒙古牛录七十六个、汉人牛录十六个。此即八旗满洲的基础。皇太极时又扩编蒙古、汉人牛录，建立蒙古八旗和汉军八旗。原八旗中不再含有汉人牛录，只有部分满洲蒙古混编牛录，大部分为满洲牛录，称八旗满洲。崇德八年（1643年），八旗满洲已有三百一十九个佐领，不同时期每佐领人丁数目不同，暂以每佐领二百丁，每丁家口五人计算，总人口为三十一万九千人。康熙二十五年（1686），有六百一十六个佐领，暂以每佐领一百三十四丁，每丁家口五人计算，总人口为四十一万二千七百二十人。乾隆二十三年（1758），有六百七十八点五个佐领（一说六百八十一个），暂以每佐领一百五十丁，每丁家口五人计算，总人口为五十万八千八百七十五人。

汗王努尔哈赤的子侄为旗主，分别统辖八旗，并世袭罔替。努尔哈赤主持的有八旗旗主参加的议政王大臣会议，决定军国大事。初创四旗时，黄旗为努尔哈赤、蓝旗为舒尔哈齐、白旗为褚英、红旗为代善；增设八旗时，两黄旗为努尔哈赤、两红旗为代善、正蓝旗为莽古尔泰、镶蓝旗为阿敏、正白旗为皇太极、镶白旗先由努尔哈赤管辖，后归阿济格。皇太极即位，亲辖两黄旗，多铎接管正白旗，多尔衮接替阿济格辖镶白旗。以上旗主分别称为八贝勒、和硕贝勒、管旗贝勒。

八旗满洲分上三旗、下五旗，上三旗归皇帝直接统辖，皇帝不仅具有旗主的权利，还有君临天下的权势。这样，上三旗的官员和兵丁便直接听命于皇帝，没有像下五旗有王公发号施令的干预，上三旗的具体事务由本旗都统、副都统管辖。努尔哈赤晚年统辖的是正黄旗、镶黄旗、镶白旗三旗。皇太极晚年统辖的是正黄旗、镶黄旗、正蓝旗三旗。多尔衮死后，顺治皇帝统辖的是正黄旗、镶黄旗、正白旗三旗，后来通称为“上三旗”。下五旗由分封的宗室王公统辖。

觉罗是塔克什的叔伯兄弟及其子孙的统称，以系红带子为标志，故“红带子”成为觉罗的代称。

本部分共收录了八旗满洲官兵碑石三百三十五通，其中有觉罗十通、官员三百一十二通、兵丁十三通，另外附录三通，并按此顺序排列。官员中有大学士、领侍卫内大臣、内大臣、议政大臣、各部尚书、都统、护军统领、副都统、前锋统领、侍郎、学士、佐领、城守尉等的碑石。此外还有八旗满洲驻防兵丁碑石，由于他们处于满族社会的底层，虽人数众多，但现存的碑石数量却极少，仅有十三通，因此这些碑石尤显珍贵。从这些碑石中可以了解到八旗兵丁的迁徙、驻防、旗地等社会生活。

1. 梅勒章京三等阿达哈哈番觉罗阿克善墓碑

阿克善　爱新觉罗氏，满洲正黄旗。景祖觉昌安兄索长阿的三世孙。明万历四十三年（1615），嫡母为纳喇氏。皇太极时授甲喇额真。崇德六年（1641），围困锦州，击败吴三桂及松山、杏山援军。次年，以功授半个前程世职。八年，出征明宁远城（今辽宁省兴城市），分兵攻取前屯卫。顺治元年（1644），随八旗军入关，升任正黄旗满洲梅勒额真兼工部侍郎。八年，调入兵部。九年，因治军不严，被罢侍郎职。十一年，暂署都察院左都御史。十二年，从征湖广，击败湘潭、常德等地抗清武装。十三年，随济度征福建郑成功。次年，督兵支援罗源阵亡，时年四十三岁。追封三等阿达哈哈番世职。

阿克善墓碑　满汉文合璧，顺治十六年（1659）立。原址在北京市海淀区北太平庄花园路，今存北京石刻艺术博物馆。

碑身

额题 满汉文“敕建”。

碑座

碑额

碑身局部

2. 特授一等阿思哈尼哈番苏喇章京梅勒章京哇尔马为资政大夫诰封碑

哇尔马　爱新觉罗氏，满洲镶蓝旗。景祖觉昌安第五子塔察篇古三世孙，叶穆济长子。天命八年(1623)，嫡母为瓜尔佳氏。顺治元年（1644），袭父觉罗叶穆济之半个前程。四年，恩加牛录章京。七年，袭封三等阿思哈（尼）哈番。九年，晋一等。碑中记载：觉罗哇尔马为一等阿思哈尼哈番、苏喇章京、梅勒章京，职管牛录，又理事刑曹，历任有年；以覃恩特授资政大夫。十七年，去世，年仅三十八岁。同年，哇尔马长子苏尔马袭封。

哇尔马诰封碑　满汉文合璧，顺治十八年（1661）制。原址在北京市丰台区六里桥柳巷村，今存丰台区凤凰嘴金中都遗址。

碑身

拓片　选自《丰台区石刻文物图录》。

碑额　额题满汉文“敕建”。

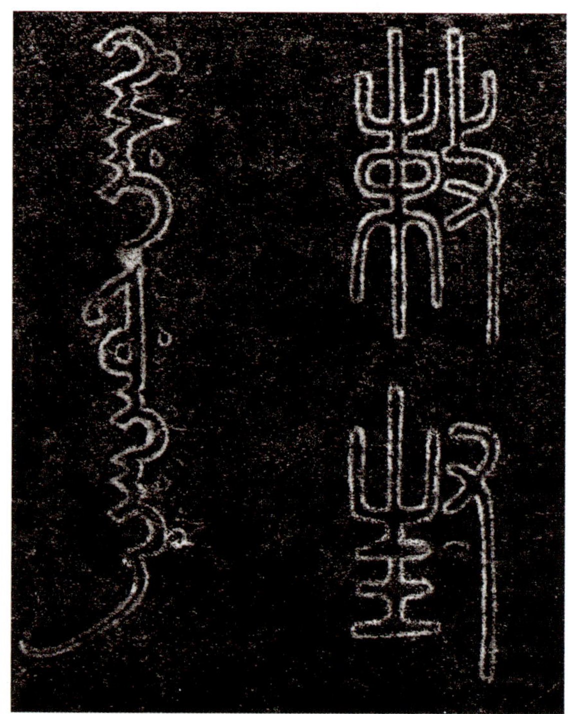

碑题拓片　选自《丰台区石刻文物图录》。

碑座

碑身局部（一）

碑身局部（二）

3. 赠原任内弘文院大学士原品护侍二王三等阿达哈哈番伊图之父瓦尔喀为光禄大夫母为一品夫人诰封碑

伊图　爱新觉罗氏，满洲镶红旗。兴祖福满长子德世库之曾孙。其父瓦尔喀曾被诰赠为资政大夫、三等阿达哈哈番、内翰林秘书院学士。万历四十年（1612），伊图由辉法（发）纳喇氏所生。顺治年间，曾历任刑部尚书、兵部尚书、吏部尚书、内弘文院大学士。父因子贵，又恩赠其父为光禄大夫、内弘文院大学士、三等阿达哈哈番加一级，并赐予诰命；赠其母纳喇氏为一品夫人。康熙六年（1667），伊图以原品致仕，掌管二王府事。十六年，去世，享年六十六岁，谥号“文僖”。

伊图父母诰封碑　满汉文合璧，康熙六年（1667）立。今立于北京市海淀区万安公墓院内。

额题　满汉文“诰封”。

碑额

碑身局部

碑身

碑阴　曾遭打磨，难以辨认。

4. 总督四川陕西等处地方军务兼理粮饷兵部右侍郎兼都察院右副都御史加赠兵部尚书太子太保觉罗华显墓碑

华显　爱新觉罗氏，满洲正红旗。索长阿四世孙。顺治十六年（1659），郭络罗氏所生。初任宗人府主事，又迁户部理事官。康熙三十七年（1698），任翰林院侍讲学士，其后任内阁学士。三十九年，任陕西巡抚。四十一年，升任川陕总督。任内在解决甘肃难民生计、严禁陕西私征重敛，受到军民赞誉。四十二年十二月，去世，时年四十五岁。赠兵部尚书、太子太保，谥号“文襄”。

华显墓碑　未见文字，疑为碑阴错置为碑阳。今立于北京市植物园院内。

碑阴 满汉文合璧，康熙四十□年立。“四十”以后文字漫漶不清，立碑年代应在康熙四十二年（1703）或四十三年。

碑阴碑身

碑阴额题　汉文“敕赐”。

碑座

碑阴碑额

碑阴碑身局部

5. 康熙帝赐闽浙总督臣觉罗满保御笔诗碑

满保　爱新觉罗氏，字凫山，满洲正黄旗。索长阿六世孙。康熙十二年（1673），嫡母完颜氏所生。康熙三十三年进士，选庶吉士，历任国子监祭酒、内阁学士，值经筵。五十年（1711），任福建巡抚。五十四年，升任闽浙总督，任内出巡沿海各地，筹划台湾鹿儿门、澎湖、厦门等处海防建设，修筑墩台，择地建造营房，增置守卫军队。六十年，因镇压台湾朱一贵起义有“功”，加兵部尚书衔。雍正三年（1725），死于任上，时年五十三岁。因生前牵涉隆科多、年羹尧案，死后被取消赏赐的抚恤与谥号。

康熙帝赐闽浙总督满保御笔诗碑　汉文，康熙年间。今存浙江省杭州市碑林。

印章

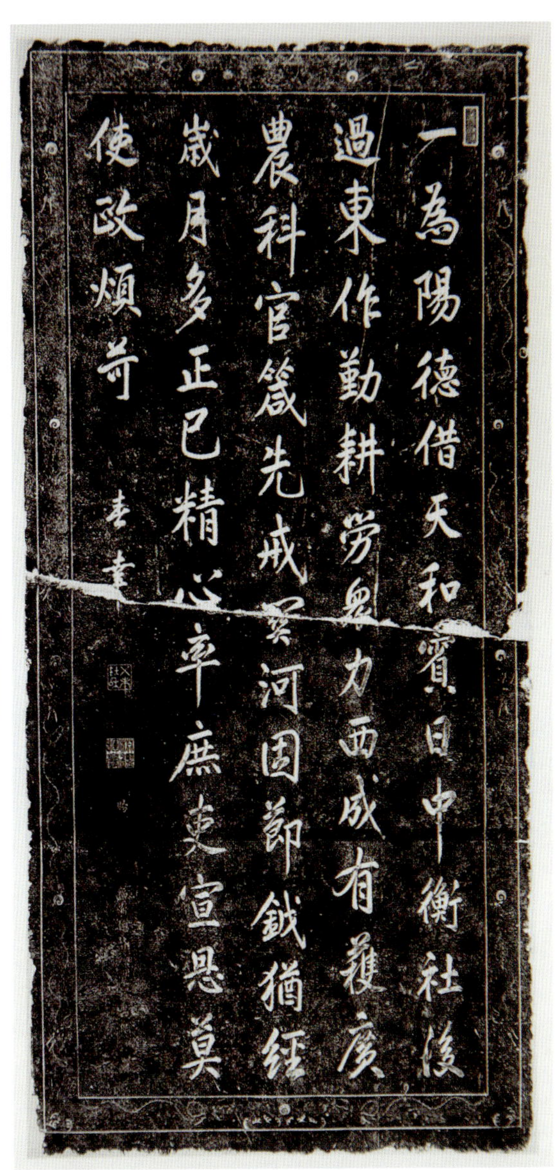

拓片　选自《杭州孔庙·御书类》。

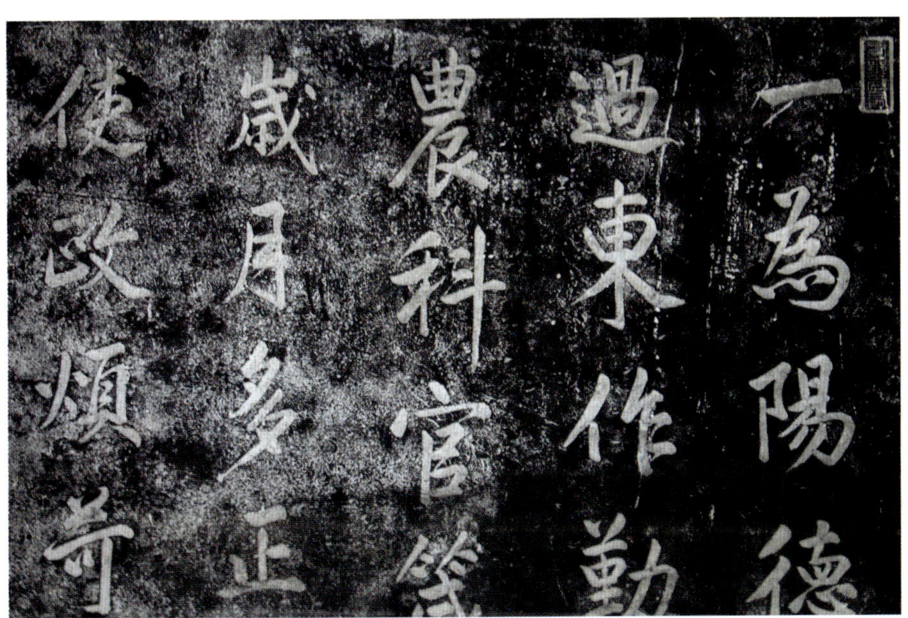

碑身局部

6. 广宁知县庆龄北镇闾山题刻

庆龄　爱新觉罗氏，满洲镶白旗。乾隆二十一年（1756）举人。三十四年至三十六年任广宁（今辽宁省北镇市）知县。任内借登闾山之际，题写“从善如登”石刻。

庆龄题刻　汉文，乾隆三十四年（1769）至三十六年间题。今刻于辽宁省北镇市医巫闾山风景区艺观亭北石壁之上。

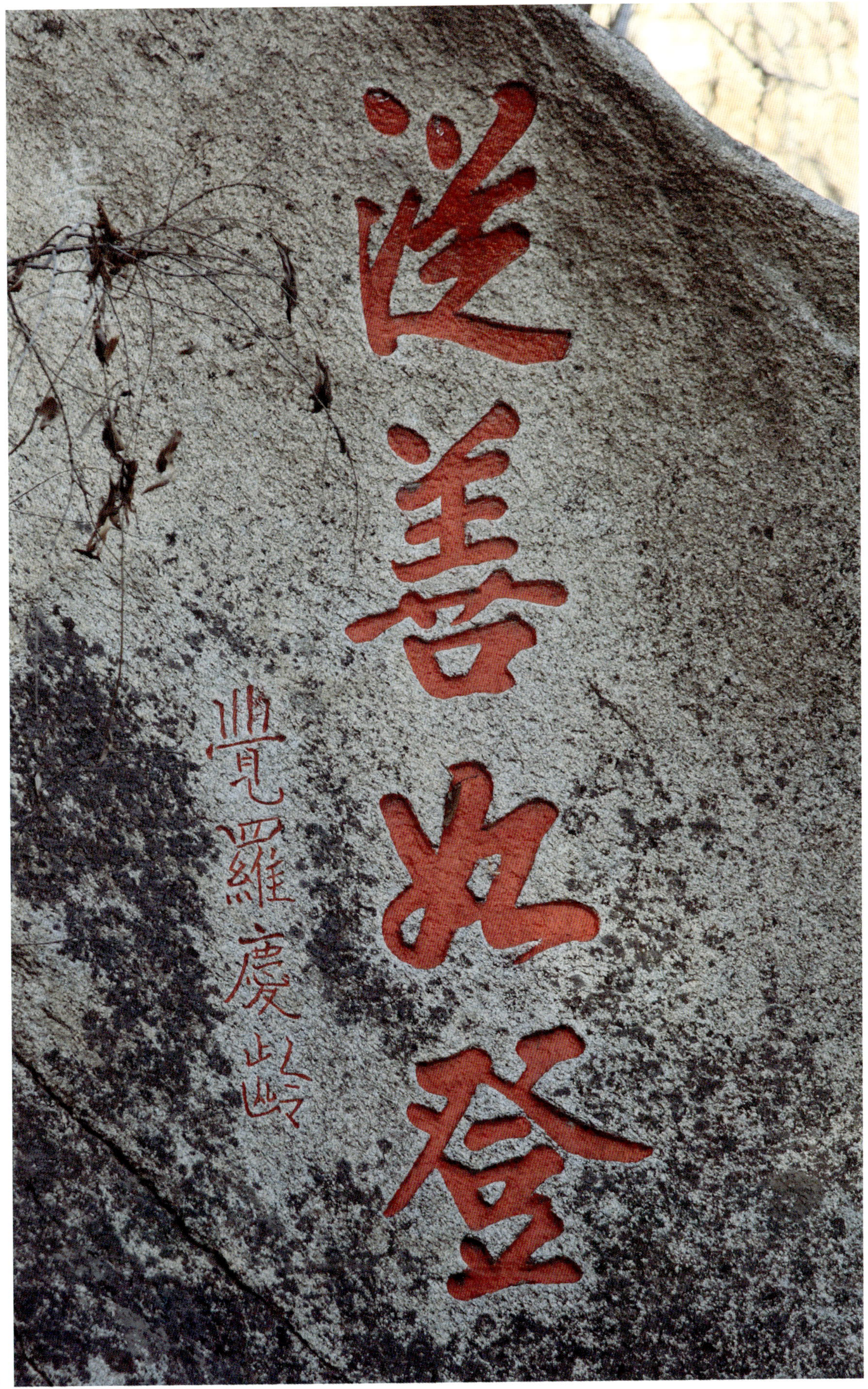

局部

7. 盛京刑部前司掌印员外郎凤德盛京内治门外山神庙置买香火地题名碑

凤德　爱新觉罗氏。道光三年（1823），时任盛京刑部前司掌印员外郎，加三级记录三次。在任时为盛京（今沈阳市）内治门外山神庙置买香火地碑记题名。

凤德盛京内治门外山神庙置买香火地题名碑　汉文，道光三年（1823）立。今存辽宁省沈阳市法轮寺碑林。

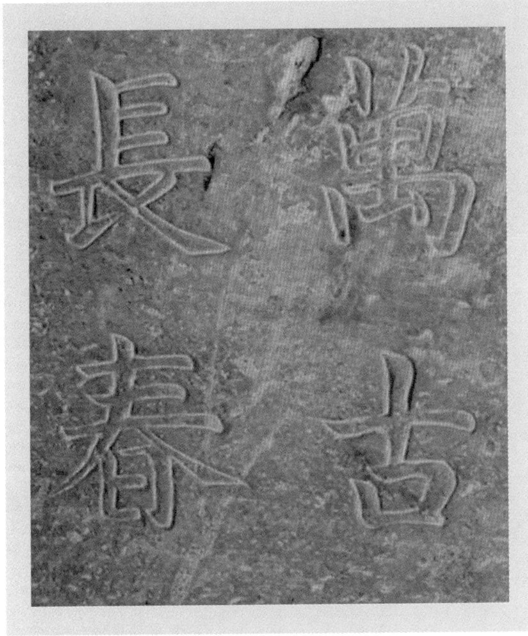

额题 汉文“万古长春”。

碑额

碑身

8. 特授奉天府铁岭县知县调升锦州府锦县知县恩特亨额铁岭文庙尊经阁重修续题名碑

恩特亨额　亦写作音特恒额，爱新觉罗氏。世系不详。道光七年（1827），特授奉天府铁岭县（今辽宁省铁岭市）知县，后调任锦州府锦县（今辽宁省凌海市）知县加三级记录十次。在任铁岭知县时，曾为铁岭文庙重修尊经阁时捐资，并勒石纪之。

恩特亨额文庙尊经阁重修续题名碑　汉文，道光七年（1827）立。今存辽宁省铁岭市博物馆。

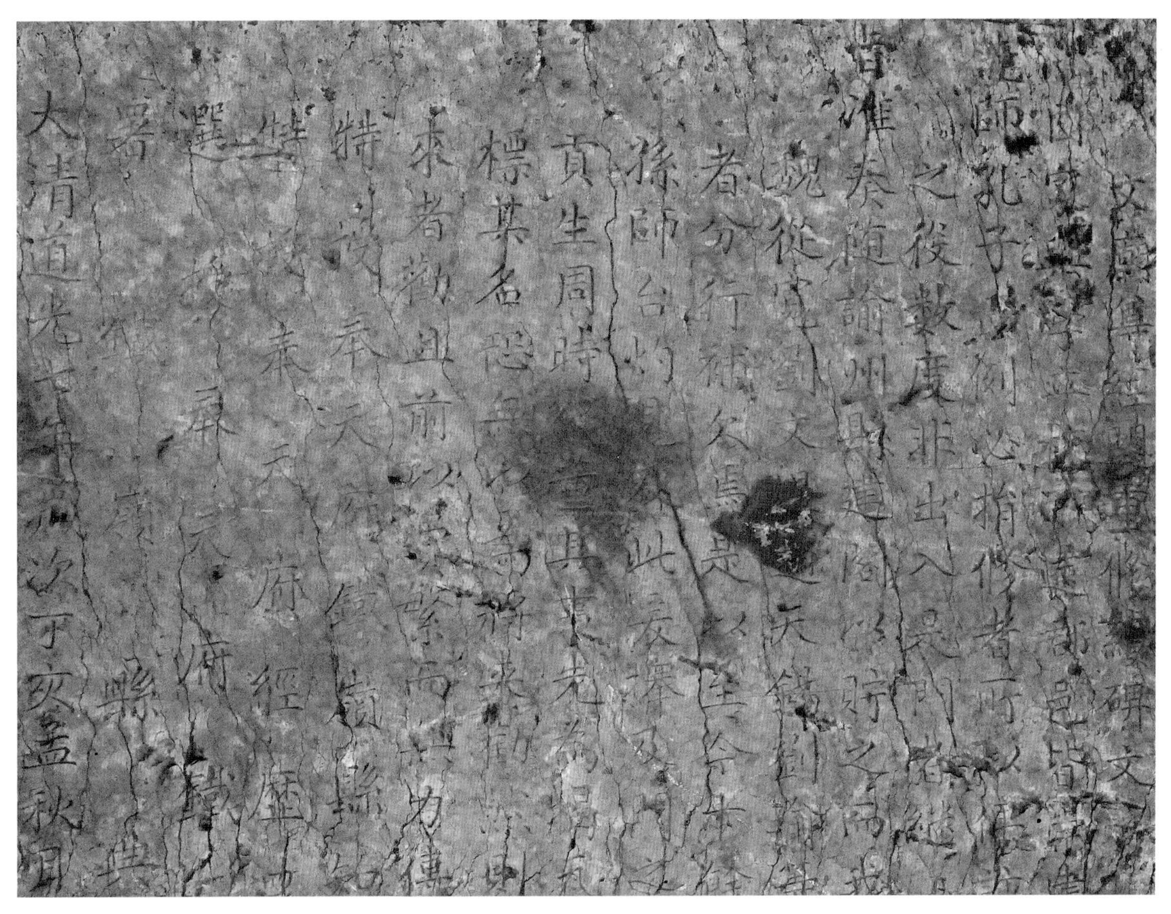

碑身局部（上）

碑身局部（下）

9. 正黄旗骁骑校扎钦布捐助重修石塔寺碑

扎钦布　爱新觉罗氏，满洲正黄旗，索长阿十世孙。嘉庆十二年（1807），嫡母余佳氏生。道光十七年（1837），任驻防开原正黄旗骁骑校时，为重修石塔寺捐银。

扎钦布捐助重修石塔寺碑　汉文，道光十七年（1837）立。与宗室德川为同一通碑。今存辽宁省开原市崇寿寺院内。

10. 江苏镇江知府豫立题焦山万佛塔五言三十首诗碑

豫立　爱新觉罗氏，字粒民，满洲镶蓝旗，世系不详。道光二十九年（1849），出任江苏镇江知府，任内宽惠有恩，尤重选拔人才。咸丰三年（1853），以失守府城被革职，仍留军中管理军需。七年，收复镇江，官复原职。十年，调任总粮台。十一年，太平军攻打杭州时阵亡，祀昭忠祠。平生善书法，尤其行草。道光十五年（1835），曾集颜真卿《多宝塔》字，作诗数十首刻石，时人称“其人其字皆无愧真卿”。

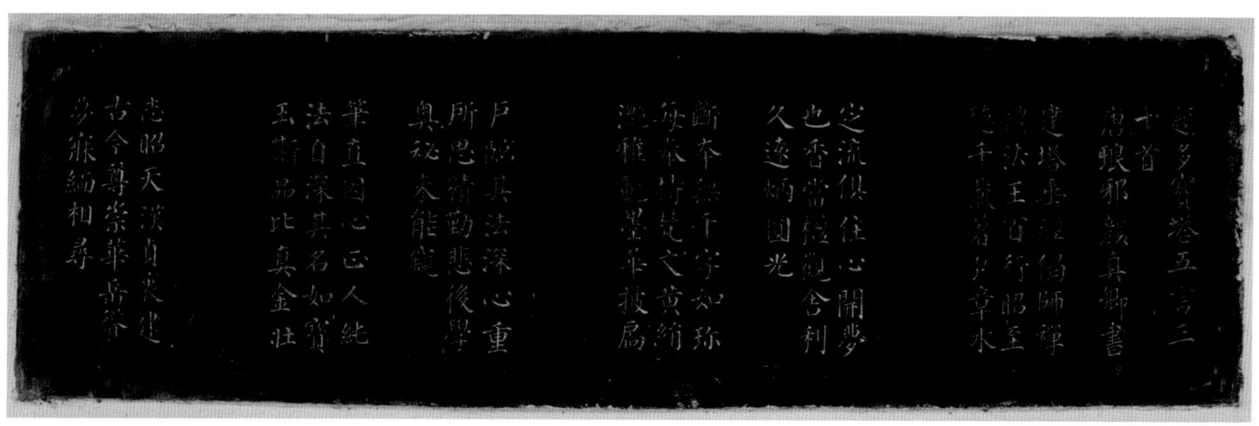

豫立题焦山万佛塔五言三十首诗碑之一　汉文，道光三十年（1850）刻。今存江苏省镇江市焦山万佛塔。

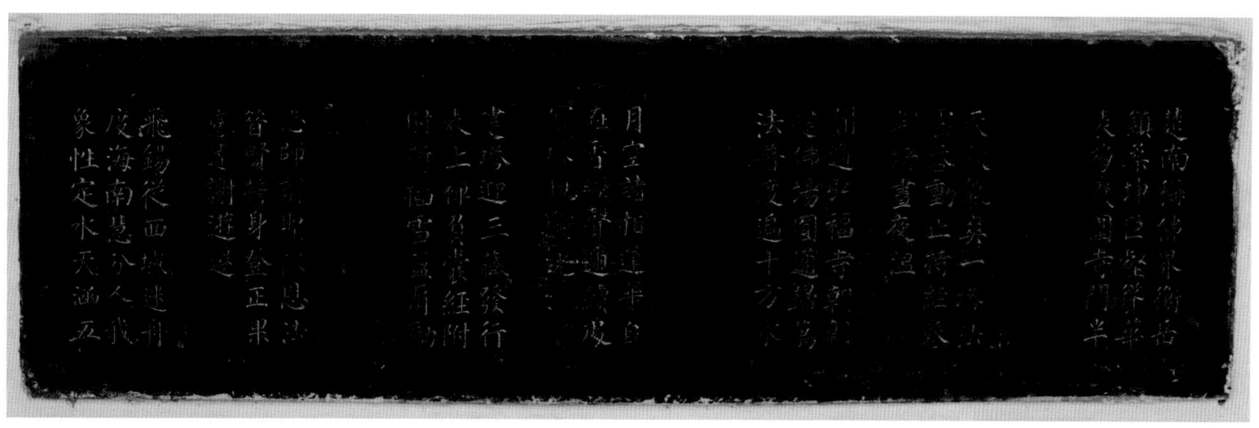

豫立题焦山万佛塔五言三十首诗碑之二

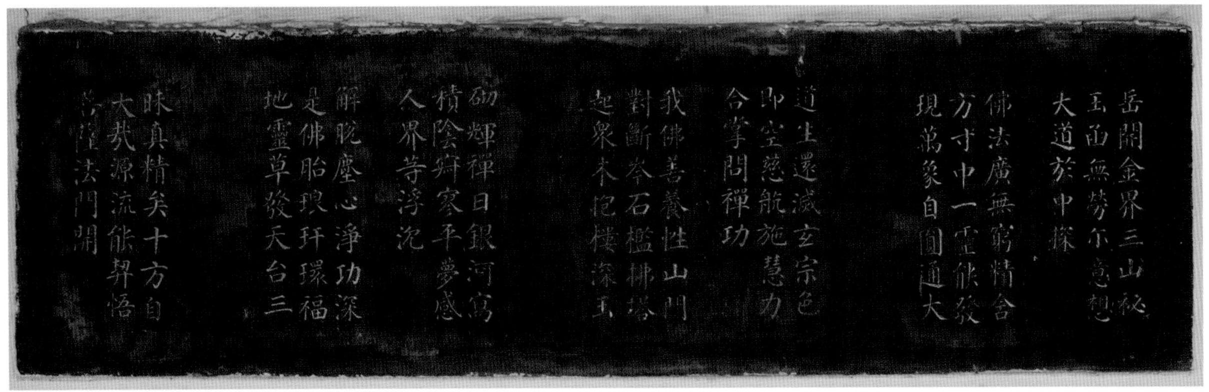

豫立题焦山万佛塔五言三十首诗碑之三

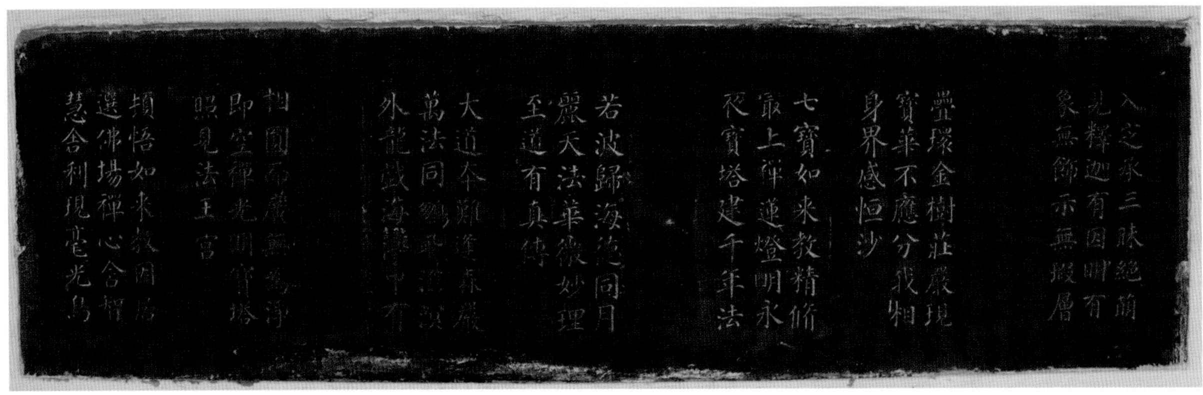

豫立题焦山万佛塔五言三十首诗碑之四

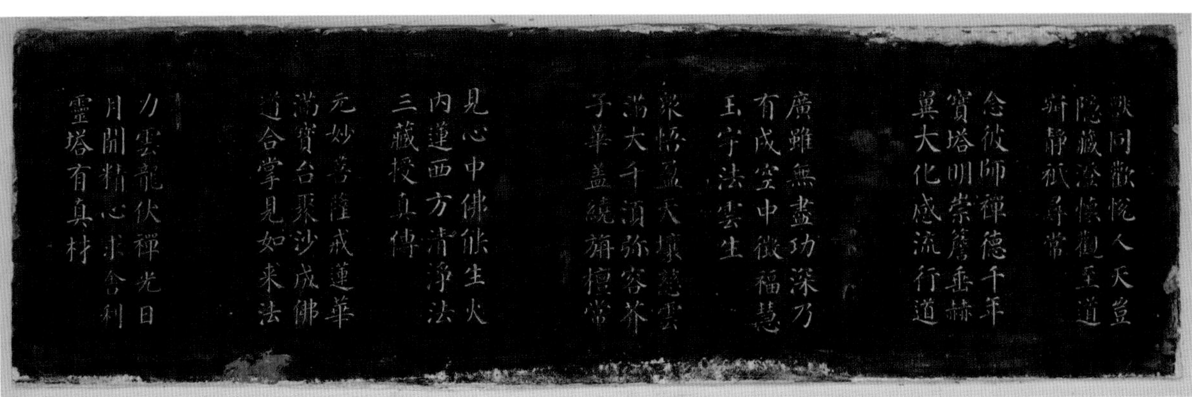

豫立题焦山万佛塔五言三十首诗碑之五

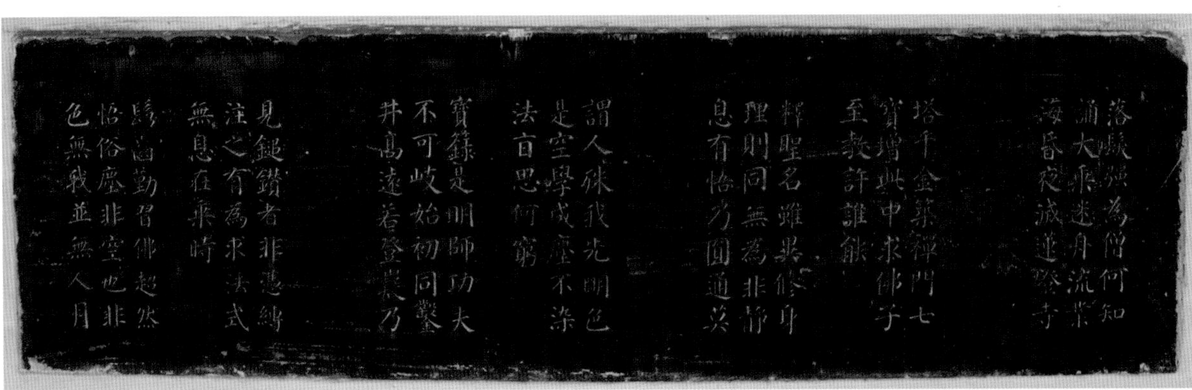

豫立题焦山万佛塔五言三十首诗碑之六

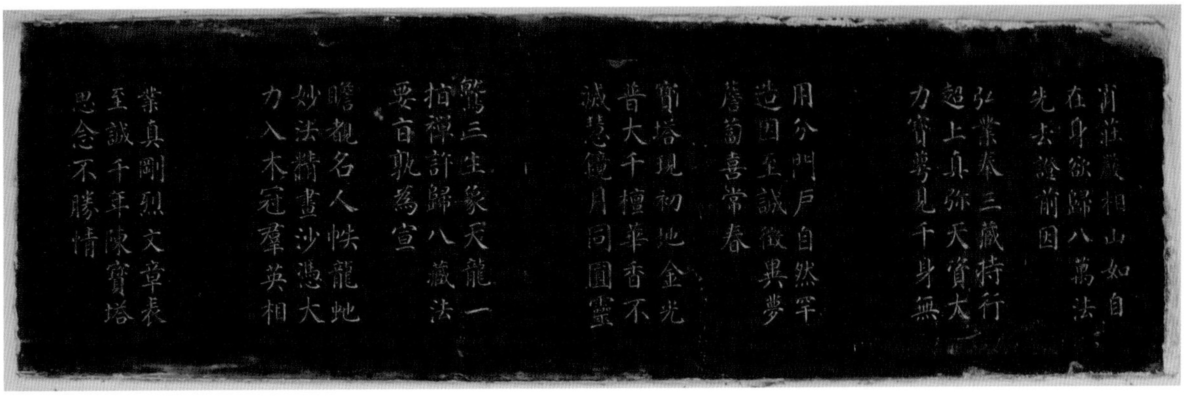

豫立题焦山万佛塔五言三十首诗碑之七

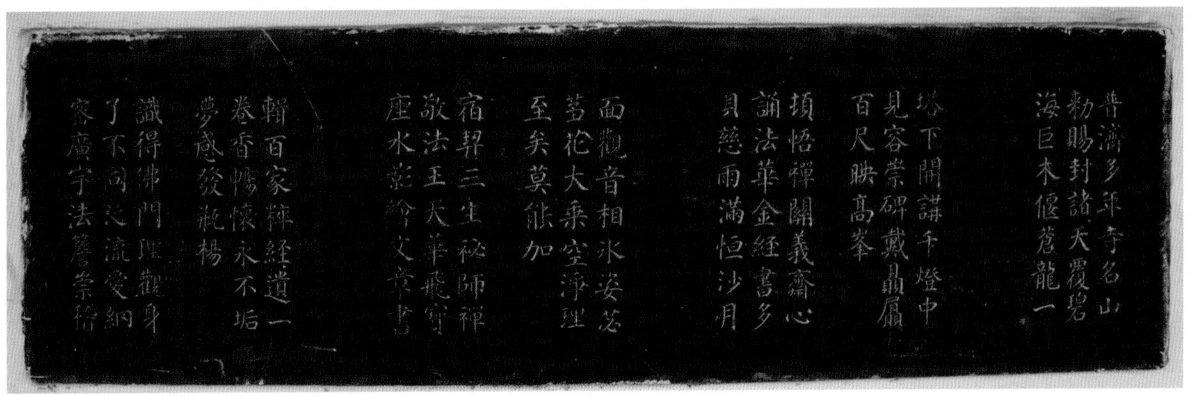

豫立题焦山万佛塔五言三十首诗碑之八

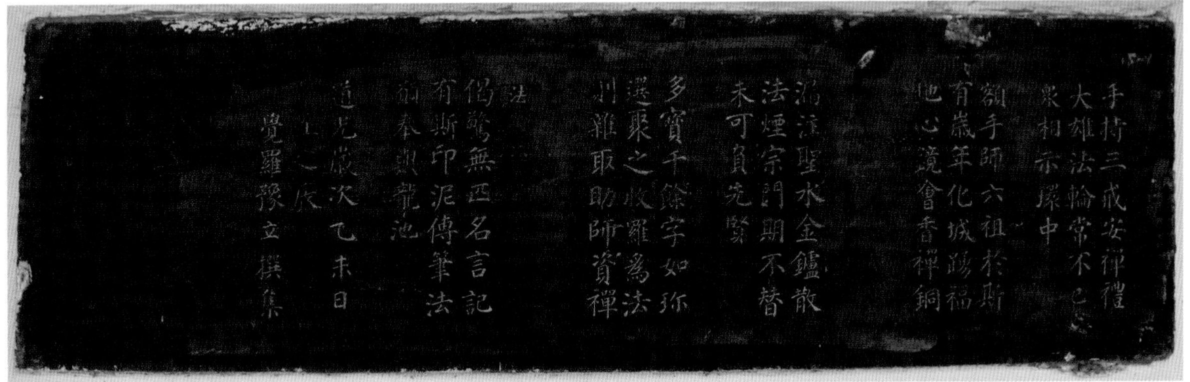

豫立题焦山万佛塔五言三十首诗碑之九

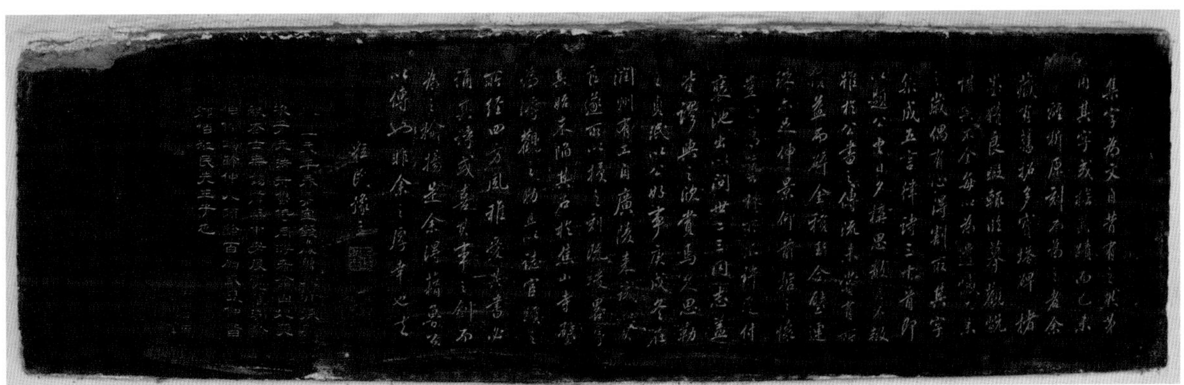

豫立题焦山万佛塔五言三十首诗碑之十

11. 一等阿思哈尼哈番瓦尔掐朱嘛喇墓碑

朱嘛喇　原籍东北瓦尔喀部。清初曾屡战疆场，夜拔敌城，出征萨哈连乌喇（今黑龙江）；围困锦州，力战山海关，勇略兼备，多有战功。在清朝入主中原中，屡获殊荣。顺治十年（1653），去世，晋一等阿思哈尼哈番世职。

朱嘛喇墓碑　残碑，满汉文合璧，顺治十年（1653）立。原址在北京市朝阳区东坝三岔河村，今立于奥林匹克公园。

碑身局部

拓片　选自《北京图书馆藏中国历代石刻拓本汇编》，以下简称《拓本汇编》。

12. 一等阿思哈尼哈番巴尔达奇碑

巴尔达奇　精奇里氏，以地名为姓，满洲正白旗。世居黑龙江左岸精奇里江地方，达斡尔部著名首领之一。天聪八年（1634），率部归附皇太极。十年，巴尔达齐娶宗室之女，成为后金的“额驸”。崇德四年（1639），索伦部长博穆博果尔背叛清朝，巴尔达奇坚定地站在清廷一边，对清朝统一多民族国家的巩固和发展做出了贡献。顺治六年（1649），巴尔达齐率领其兄弟入京供职，隶属正白旗，授三等阿思哈尼哈番，后晋升一等阿思哈尼哈番。十一年，在北京去世。

巴尔达奇墓碑　满汉文合璧，顺治十一年（1654）立。原址在北京市海淀区德胜门外华严厂村，今存北京石刻艺术博物馆。

碑身

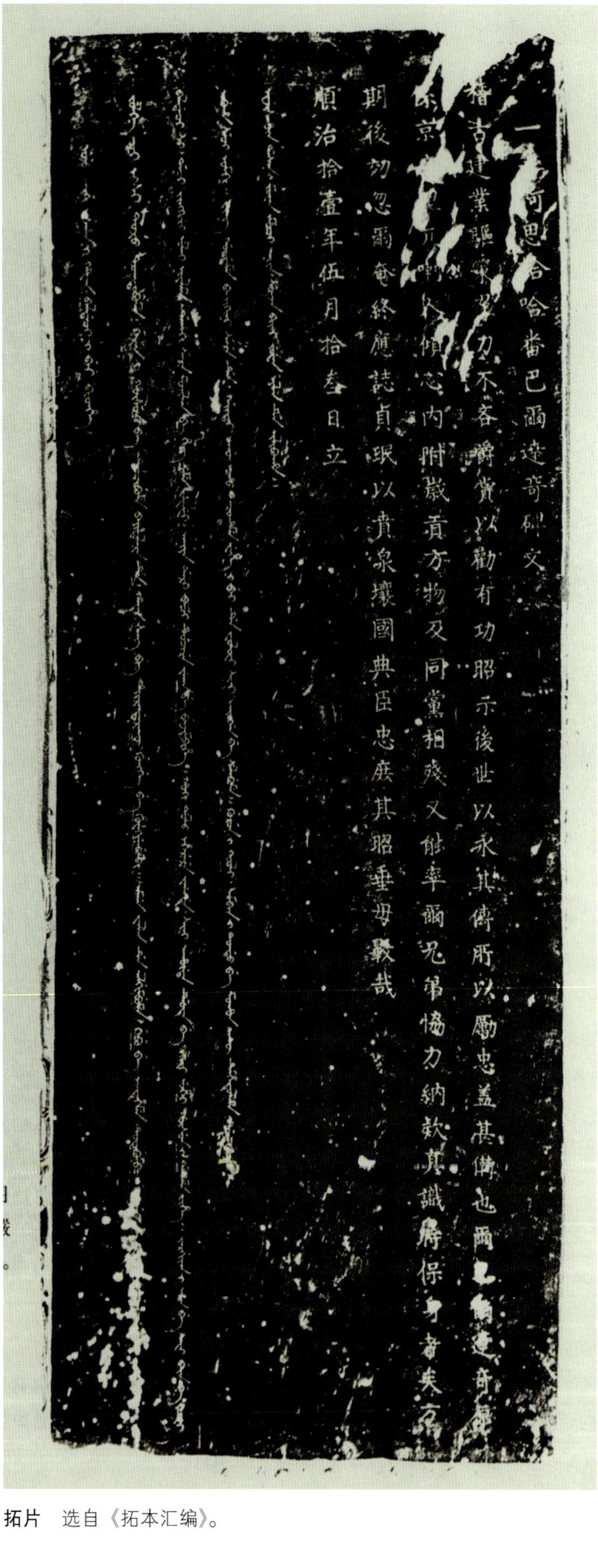

拓片　选自《拓本汇编》。

碑额

碑题　满汉文“敕赐”。

碑座

碑身局部（一）

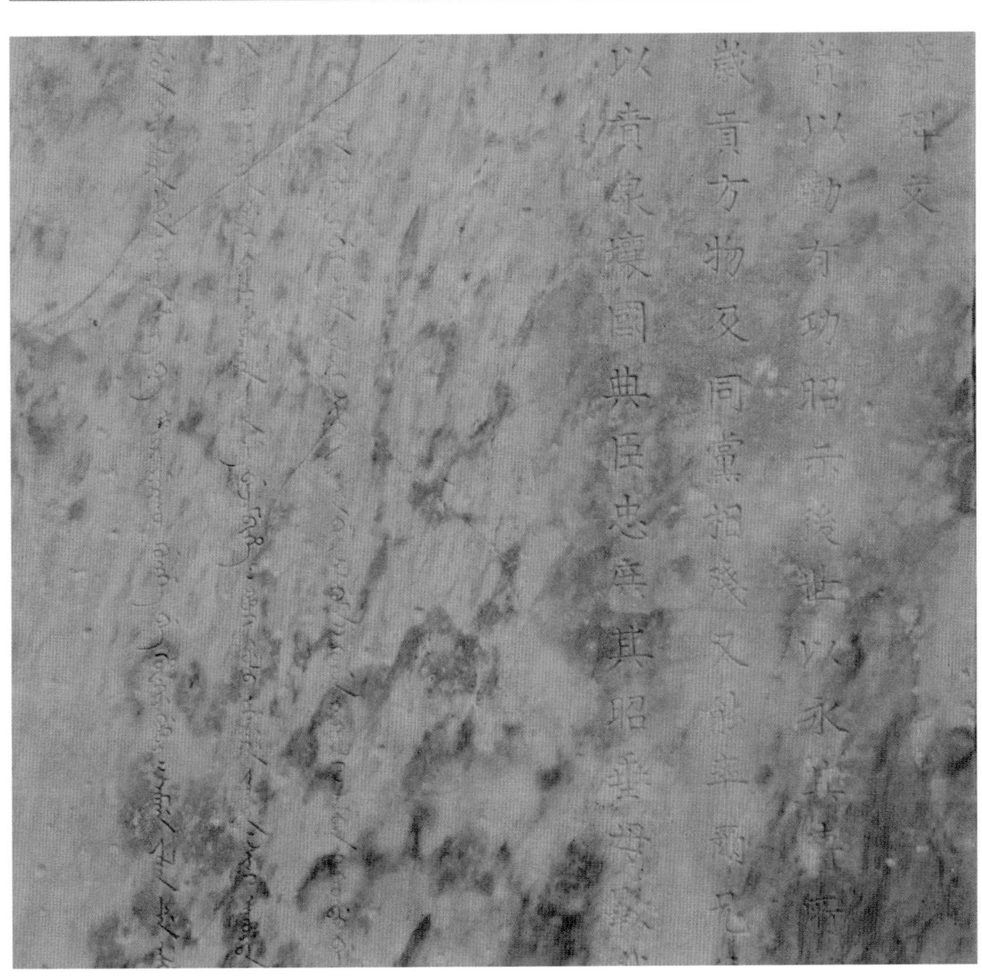

碑身局部（二）

13. 追赠三等阿思哈尼哈番照一品品级立碑安达礼墓碑

安达礼　亦写作安达理，颜札氏，满洲正黄旗包衣。世居叶赫，后归附努尔哈赤。初为皇太极收养，后授牛录章京。天聪八年（1634），从征锦州，攻克其城，以军功授三等甲喇章京。后因事降为牛录章京。崇德八年（1643），皇太极病逝后，请求殉葬，得到赞许；加赠梅勒章京，子孙世袭。顺治十一年（1654），顺治帝为旌表其恋主捐躯，追赠三等阿思哈尼哈番，照一品品级立碑，谥号“忠介”。

安达礼墓碑　满汉文合璧，顺治十一年（1654）立。原址在辽宁省沈阳市昭陵西红墙外，今存沈阳故宫博物院。

碑额

额题 满汉文“敕建”。

碑座

拓片 选自《沈阳碑志》。

碑身局部（一）

碑身局部（二）

碑身局部（三）

碑身局部（四）

14. 弘毅公额亦都墓碑

额亦都　钮祜禄氏，满洲镶黄旗。世居长白山地方，祖父移居英崿峪（即英额峪，今辽宁省清原满族自治县境内）。为后金开国勋臣，著名五大臣之一。明嘉靖四十一年（1562），出生。十九岁时，结交努尔哈赤。明万历十一年（1583），随努尔哈赤起兵，历次战争中额亦都皆在行间，未尝挫败。十五年（1587），赐号“巴图鲁”，先后在击败九部联军、出征东海窝集、萨尔浒之战中，皆立功。累官至理政听讼大臣、左翼总兵官、一等内大臣，一等子爵。努尔哈赤先以族妹妻之，后以和硕公主下嫁。天命六年（1621），去世，享年六十岁。崇德元年（1636），追封弘毅公。顺治十一年（1654），顺治帝命立碑纪功，亲为制文。乾隆二十四年（1759），追封为一等公。

额亦都墓碑　残碑，满汉文合璧，顺治十一年（1654）立。原址在辽宁省沈阳市东陵区英达乡山梨村，今仅有三块残碑存于沈阳市法轮寺碑林。

碑身残件之一

碑身残件之二

碑身残件之三

三将围攻佛多和山城图 “三将”系额亦都、噶盖、硕翁科罗。选自《满洲实录》。

额亦都招九路长见太祖图 选自《满洲实录》。

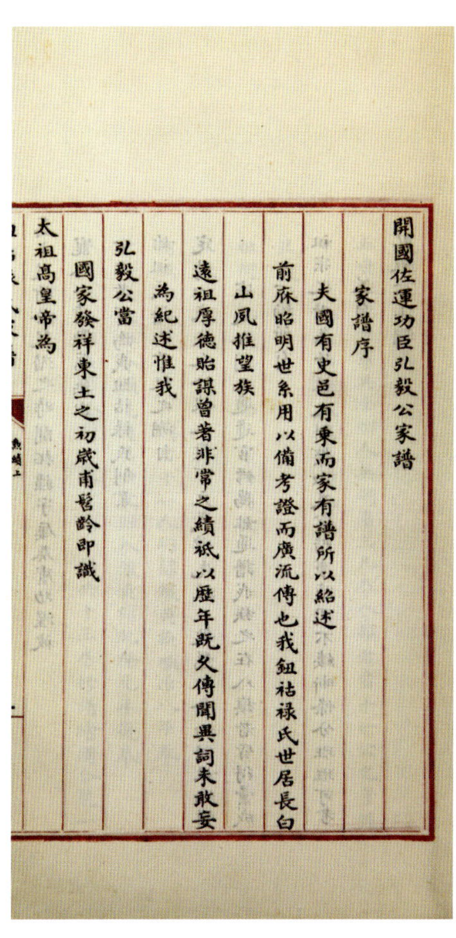

開國佐運功臣弘毅公家譜

家譜序

夫國有史邑有乘而家有譜所以紹述
前庥昭明世系用以備考證而廣流傳也我鈕祜祿氏世居長白
山夙推望族
遠祖厚德貽謀曾者非常之績祇以歷年既久傳聞異詞未敢妄
為紀述惟我
弘毅公當
國家發祥東土之初歲甫髫齡即識
太祖高皇帝為

《镶黄旗满洲钮祜禄氏弘毅公家谱》书影 嘉庆三年稿本，辽宁省图书馆藏。

额亦都墓地示意图 选自《镶黄旗满洲钮祜禄氏弘毅公家谱》。

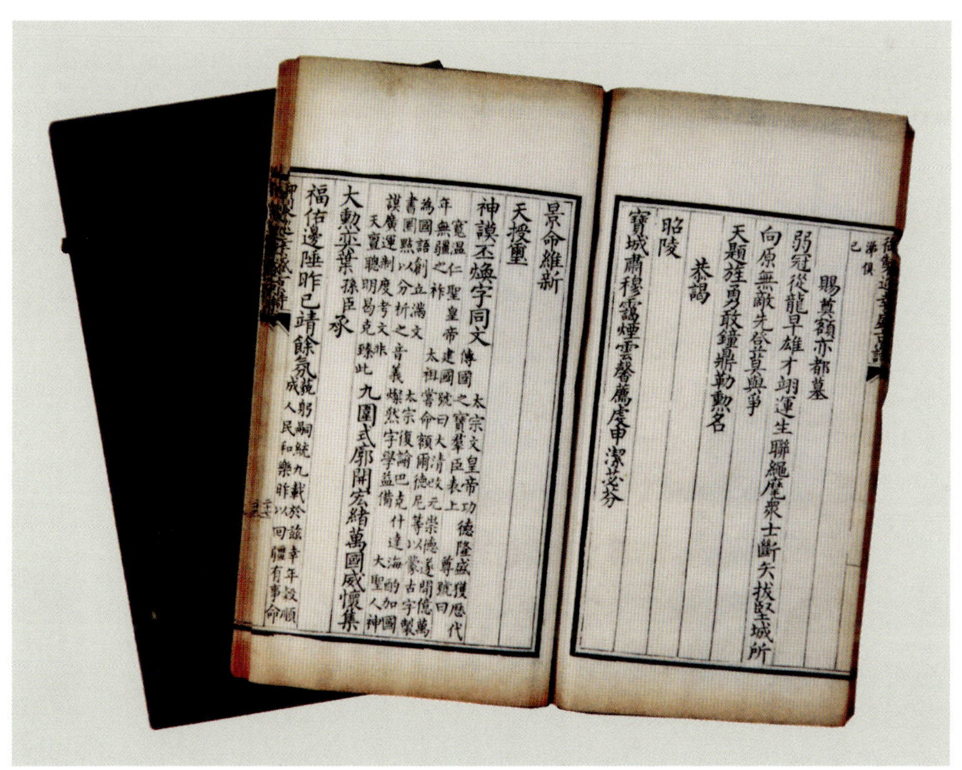

景命維新
天授重
神謨丕煥字同文
大勳丕業孫臣承
福佑邊陲昨已晴餘氛

賜額亦都墓
弱冠從龍早雄才翊運生聯繩麾衆士斷矢拔堅城所
向原無敵先登莫與爭
天題旌勇敢鐘鼎勒勳名
恭謁
昭陵
寶城肅穆靄煙雲馨薦虔申潔苾芬

道光赐谕额亦都诗 选自《御制巡幸盛京诗》，辽宁省图书馆藏。

15. 乳公二等阿达哈哈番哈喇墓碑

哈喇　亦写作喀喇，奉圣夫人的丈夫。因在世时鼎力相助其妻哺养皇帝之事，被授予二等阿达哈哈番世职。顺治十一年（1654），病故，赐祭葬，谥号“恭襄”。

哈喇墓碑　满汉文合璧，顺治十二年（1655）立。今立于河北省遵化市马兰峪河东村东南。

额题　满汉文“敕建”

碑座

碑额

哈喇（右）及妻奉圣夫人（左）墓碑

碑身

16. 二等阿达哈哈番哈喇妻奉圣夫人朴氏墓碑

奉圣夫人　朴氏，朝鲜人，哈喇妻。曾先后哺养福临、玄烨父子。康熙十六年（1677），被封为奉圣夫人。二十一年，辞世后，康熙帝特赐孝陵近处为墓地，葬如公夫人之礼，并立碑。康熙帝、雍正帝曾先后六次谕祭，康熙帝又两次亲临园寝酹酒，这在清代绝无仅有。

奉圣夫人墓碑　满汉文合璧，康熙二十一年（1682）立。今立于河北省遵化市马兰峪河东村东南，哈喇墓碑西侧。

碑身

额题　满汉文“敕建”。

碑座

碑额

哈喇及妻奉圣夫人墓

17. 二等阿达哈哈番哈喇妻奉圣夫人第一道谕祭碑

奉圣夫人第一道谕祭碑 满汉文合璧，康熙二十一年（1682）立。今立于河北省遵化市马兰峪河东村东南。

碑身

碑额

额题　满汉文“敕建”。

谕祭碑及供桌

18. 二等阿达哈哈番哈喇妻奉圣夫人第二道谕祭碑

奉圣夫人第二道谕祭碑 残碑，满汉文合璧，康熙二十一年（1682）立。额题满汉文“敕建”。今立于河北省遵化市马兰峪河东村东南。

碑身局部

19. 二等阿达哈哈番哈喇妻奉圣夫人第三道谕祭碑

奉圣夫人第三道谕祭碑 满汉文合璧，康熙二十一年（1682）立。今立于河北省遵化市马兰峪河东村东南。

碑身

20. 二等阿达哈哈番哈喇妻奉圣夫人第四道谕祭碑

奉圣夫人第四道谕祭碑 残碑，满汉文合璧，康熙二十一年（1682）立。今立于河北省遵化市马兰峪河东村东南。

碑身局部（上）

碑额

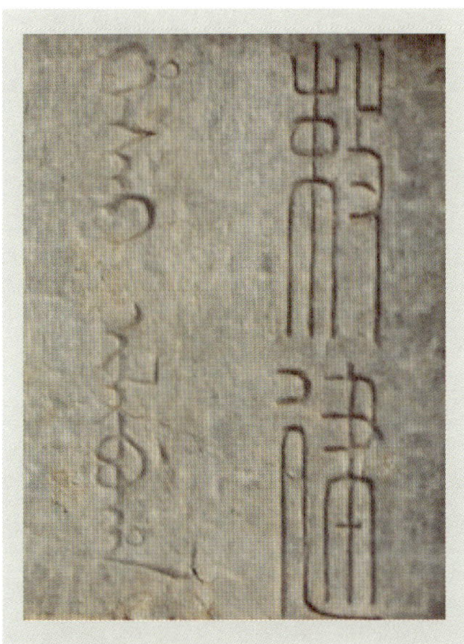

额题 满汉文“敕建”。

碑身局部（下）

21. 二等阿达哈哈番哈喇妻奉圣夫人第五道谕祭碑

奉圣夫人第五道谕祭碑 残碑，满汉文合璧，康熙二十一年（1682）立。今立于河北省遵化市马兰峪河东村东南。

碑身局部

22. 二等阿达哈哈番哈喇妻奉圣夫人第（六）道谕祭碑

奉圣夫人第（六）道谕祭碑 残碑，满汉文合璧，雍正二年（1724）祭。今立于河北省遵化市马兰峪河东村东南。

碑身局部

23. 固山额真三等精奇尼哈番何和礼墓碑

何和礼　董鄂氏，满洲正红旗。其先人自瓦尔喀迁至董鄂（今辽宁省桓仁满族自治县境内）。嘉靖四十年（1561），出生。万历十四年（1586），年仅二十六岁就代其兄任董鄂部首领。十六年（1588），归附努尔哈赤，授一等大臣，以长女妻之，称“东郭额驸”。曾先后出征乌喇、虎尔哈、扎库塔等处；在萨尔浒、沈阳、辽阳等战事中均立有军功，授三等总兵官。为后金开国勋臣、著名五大臣之一。天命九年（1624），去世，享年六十四岁。皇太极时追赠为三等公。顺治十二年（1655），追谥“温顺”，勒石纪功。

何和礼墓碑　满汉文合璧，顺治十三年（1656）立。原址在辽宁省辽阳市西大窑公安堡东阿氏墓园，今存辽阳市博物馆。

碑身

碑额　额题满汉文“敕建”。

三将克扎库塔图　“三将”系何和礼、达尔汉、额亦都。选自《满洲实录》。

碑阴

24. 固山额真三等公何芍图墓碑

何芍图　亦写作和硕图，董鄂氏，满洲正红旗。何和礼第四子，出生于万历二十四年（1596）。初袭三等总兵官。娶代善女为妻，封和硕额驸。皇太极即位，授正红旗固山额真。天聪年间（1627—1635），曾随军出征朝鲜、锦州、宁远、杏山、松山、大凌河城、察哈尔、大安口、遵化、北京等地，以功加五牛录，晋封三等公。五年，已列入八大臣。天聪七年，病故，年仅三十八岁。顺治十二年（1655），追谥“端恪”。

何芍图墓碑　满汉文合璧，顺治十三年（1656）立。原址在辽宁省辽阳市西大窑公安堡东阿氏墓园，今存辽阳市博物馆。

碑身

碑额 额题满汉文“诰封”。

碑阴

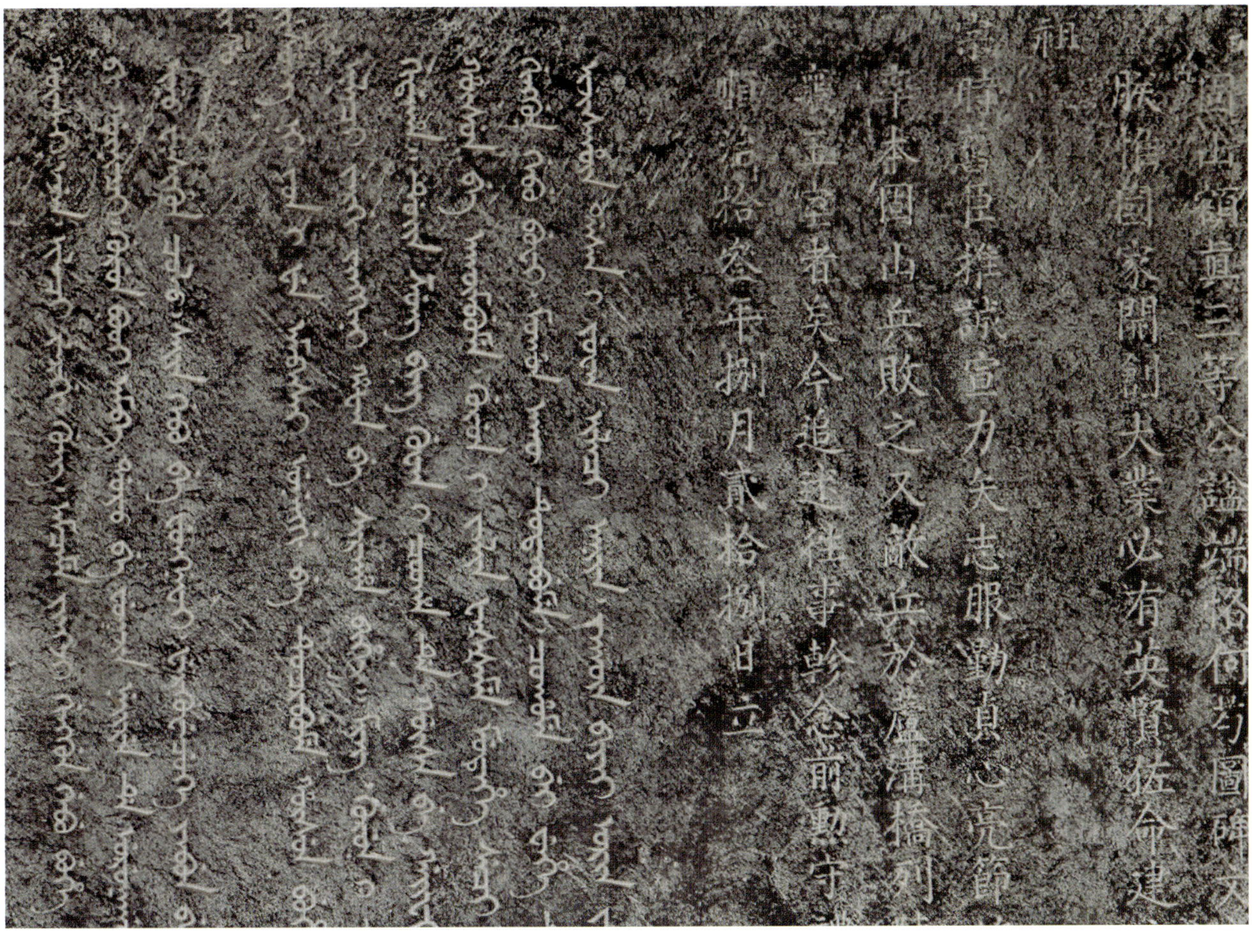

碑身局部

25. 赠光禄大夫哲尔本及妻诰命碑

哲尔本　栋鄂氏，满洲正红旗。何芍图之子，彭春之父。何芍图去世后，哲尔本在其兄之后承袭三等公世职。子彭春身为朝廷重臣，征战有功。父因子贵，以彭春所任官职，恩赠哲尔本为光禄大夫、都统、太子太保、头等公、佐领，并赐予诰命；赠其妻彭春母为淑人。

哲尔本及妻诰命碑　残碑，满汉文合璧，康熙二十三年（1684）立。今埋于辽宁省灯塔市柳河乡所在地村南山坡地下。本图片由王成料提供。

碑额

额题 满汉文“诰命”。

残碑掩埋地

26. 赠光禄大夫哲尔本及妻墓碑

哲尔本及妻墓碑 汉文，康熙二十三年（1684）立。碑额额题“皇清”，碑文难以辨认。原址在辽宁省灯塔市柳河乡所在地村南山坡，今存辽阳市博物馆。

27. 特授正红旗满洲都统太子太保头等公佐领兼一拖沙喇哈番彭春为光禄大夫妻瓜尔佳氏觉罗氏黑黑里氏觉罗氏郭氏为一品夫人诰命碑

彭春　栋鄂氏，满洲正红旗。哲尔本子。顺治九年（1652），袭一等公。康熙十五年（1676），加太子太保，任蒙古正红旗副都统，后任本旗副都统。二十二年，奉命率兵至黑龙江侦察雅克萨周边形势，后升任蒙古正红旗都统，不久调任本旗都统。二十三年，特授为光禄大夫，赐予诰命；其妻诰封一品夫人。二十四年，统兵反击沙俄侵略，围攻雅克萨城，使驻城沙俄侵略者投降，拆毁木城。二十九年，参加平定噶尔丹的叛乱，从福全参赞军务。因击败噶尔丹后，贻误战机而受到降职处分。三十五年，复授蒙古正红旗都统，从费扬古参赞军务，出西路，破噶尔丹于昭莫多。三十八年，因病离任。四十年，去世。

彭春及妻瓜尔佳氏等诰命碑　满汉文合璧，康熙二十三年（1684）制。额题满汉文“诰命”。原址在辽宁省灯塔市西大窑公安堡东阿氏墓园内，今存辽阳市博物馆。

碑身

额题　满汉文“诰命”。

碑额

碑身局部

28. 都统一等公彭春及妻瓜尔佳氏觉罗氏黑黑里氏觉罗氏郭氏墓碑

彭春及妻瓜尔佳氏等墓碑 满文，康熙四十四年（1705）立。碑额额题满文，汉译“诰命”。原址在辽宁省灯塔市西大窑公安堡东阿氏墓园内，今存辽阳市博物馆。

碑身

29. 赠议政大臣都统兼佐领齐锡之父胡希布为光禄大夫母那拉氏为一品夫人诰封碑

胡希布　栋鄂氏，何芍图之子。其子齐锡，曾任议政大臣、都统兼佐领加一级。康熙初年，齐锡与彭春从军，参加平定吴三桂叛乱。康熙三十四年（1695），又参加平定噶尔丹叛乱。胡希布因其子，赠光禄大夫、议政大臣、都统兼佐领加一级，赐予诰命；其妻那拉氏赠为一品夫人。

胡希布及妻那拉氏诰命碑　满汉文合璧，康熙三十六年（1697）制。原址在辽宁省本溪市平顶山区兴隆村，今存本溪市碑林。

碑身

30. 三等精奇尼哈番恩格德里墓碑（碑阴为诰封碑）

恩格德里　亦写作恩格德尔，博尔济吉特氏，满洲正黄旗。世居西拉木伦，原系蒙古喀尔喀巴约特部贝子台吉。万历三十三年（1605），到赫图阿拉（今辽宁省新宾满族自治县老城）谒见努尔哈赤，献马二十匹，受到优待。次年，率喀尔喀五部贝勒奉表上尊号称努尔哈赤为“昆都仑汗”。天命二年（1617），娶舒尔哈齐女为妻，封为额驸。九年，偕妻及弟莽果尔代率部归附后金。努尔哈赤与之盟誓，命所部驻辽阳，授三等总兵官，隶满洲正黄旗。皇太极时期，曾从征察哈尔、攻北京、围大凌河，虽有败绩，均得宽免。崇德元年（1636），去世。顺治十二年（1655），追谥“端顺”，视一品大臣例立碑。

恩格德里墓碑　满汉文合璧，顺治十四年（1657）立。今立于辽宁省沈阳市于洪区上蒲河村西北。

碑身

碑额

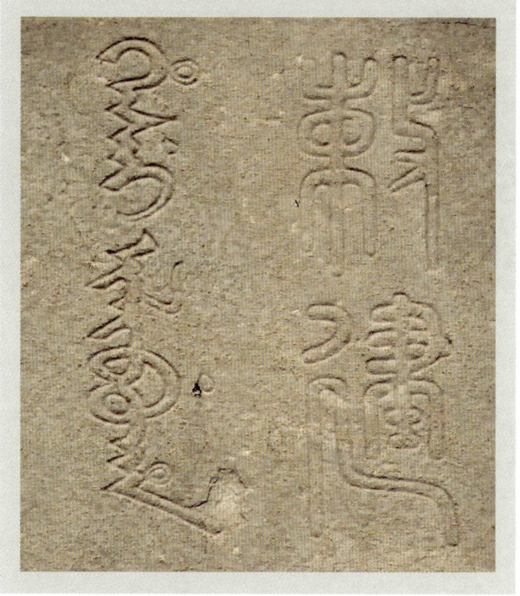

额题 满汉文“敕建”。

碑身局部

碑阴额题 满汉文“奉天诰命”。

碑阴碑额

恩格德尔来上尊号图 选自《满洲实录》。

碑阴碑身 满汉文合璧，顺治八年（1651）制。

碑座

碑阴碑身局部

31. 噶布什贤超哈噶喇昂邦三等精奇尼哈番涂鲁希邵科罗巴图鲁墓碑

涂鲁希　亦写作图鲁什，伊尔根觉罗氏，满洲镶黄旗。努尔哈赤、皇太极时旧臣。天命九年(1624)，任佐领。十年，授参领。天聪三年（1629)，从皇太极征明，转战大安口、蓟州、通州、北京等地，作战勇猛，常以少胜多。因功升为二等阿达哈哈番。又先后从征明永平、大凌河、锦州、察哈尔等地。八年，升任前锋统领，加三等阿思哈尼哈番。同年，进关出征明大同，在侦察宣化时，遇袭负伤，不治身亡。赠三等精奇尼哈番世职，赐号“邵科罗把（巴）图鲁”，谥号“忠宣”。

涂鲁希墓碑　满汉文合璧，顺治十四年（1657）立。原址在辽宁省沈阳市柳条湖村，今存沈阳市法轮寺碑林。

额题　满汉文“敕建”。

碑额

碑身局部

碑身

32. 固山额真三等阿达哈哈番把都里墓碑

把都里　亦写作巴都里、巴笃理，佟佳氏，满洲正白旗。后金初年，率五百户来归，设佐领，令其管理，并授十札尔固齐之列。以能办事，不违指使，授三等阿达哈哈番。天命十年（1625），从征旅顺口，力战克之。十一年，击败夜袭萨尔浒城的毛文龙兵。天聪三年（1629），又克遵化，因指挥有功，授二等阿达哈哈番。五年，明兵围滦州，乘夜突围驰援。次年，授礼部承政。八年（1634），出征大同，攻王家庄阵亡。赠三等阿思哈尼哈番，以其子卓罗承袭。顺治十三年（1656），追谥“敏壮”。

把都里墓碑　满汉文合璧，顺治十五年（1658）立。今立于辽宁省抚顺县金家村东。

碑身

额题　满汉文“敕建”。

碑额

碑身局部

33. 直义公费英东墓碑

费英东　瓜尔佳氏，满洲镶黄旗。明末女真苏完部人，为后金开国勋臣、著名五大臣之一。嘉靖四十三年（1564），出生。万历十六年（1588），随其父苏完部长索尔果率众归附努尔哈赤，授一等大臣，并娶褚英之女为妻。率兵征东海瓦尔喀、渥集、安楚拉库等部，屡建功绩。四十三年，位列理政听讼大臣，并以札尔固齐（断事官）之职佐理国政。次年，又任左翼固山额真。他跟随努尔哈赤转战各地，战必胜，攻必克。天命五年（1620），授三等总兵官；同年去世，时年五十七岁。天聪六年（1632），追封为直义公；乾隆朝追赠一等公。

费英东墓碑（旧照）　满汉文合璧，顺治十六年（1659）立。原址在辽宁省沈阳市东陵区二台山子东土岗上，今不知所踪。选自《增补（伪）满洲写真帖》。

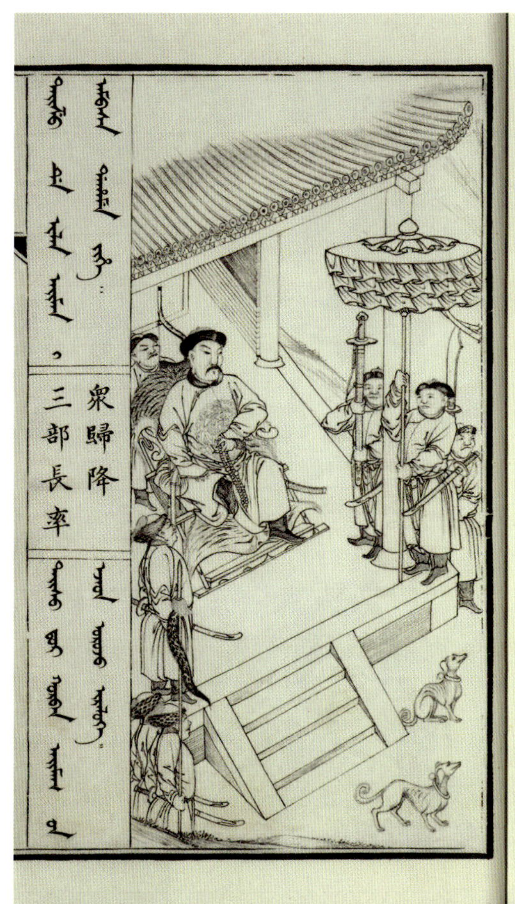

三部长率众归降图 万历十六年（1588），费英东随其父苏完部长索尔果，率部归附努尔哈赤。选自《满洲实录》。

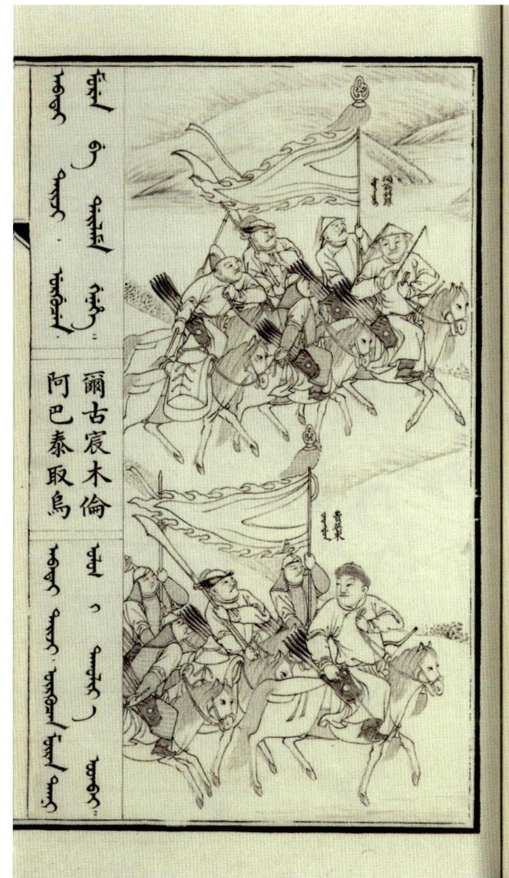

阿巴泰取乌尔古宸木伦图 费英东助战阿巴泰台吉取乌尔古宸木伦。选自《满洲实录》。

34. 与五臣同固山额真邵科罗巴图鲁安边我墓碑

安边我　亦写作安费扬古，觉尔察氏，满洲镶蓝旗。为后金开国勋臣、著名五大臣之一。嘉靖三十八年（1559），出生。世居瑚济寨（今辽宁省新宾满族自治县境内），其父归附努尔哈赤。他少年追随努尔哈赤征战。努尔哈赤嘉奖其勇猛善战，赐号“硕翁科罗巴图鲁”。万历四十三年（1615），授为理政听讼大臣，任镶蓝旗固山额真。身历数战，屡立战功。天命七年（1622），去世，享年六十四岁。顺治十六年（1659），赐谥号“敏壮”。

安费扬古墓碑　满汉文合璧，顺治十六年（1659）立。原址在辽宁省沈阳市西南揽军屯，今立于本溪满族自治县铁刹山下。

额题　满汉文“敕建”。

碑额

碑身局部

碑身

35. 晋赠太子太保原任礼部尚书钟音墓碑

钟音　觉罗禅（觉尔察）氏，字闻轩，满洲镶蓝旗。先祖世居瑚济寨地方。安费扬古六世孙。乾隆元年（1736）进士，历任日讲起居注官、国子监祭酒、世袭佐领、内阁学士、盛京刑部侍郎、户部右侍郎、陕西巡抚、福建巡抚、广东巡抚、闽浙总督、礼部尚书、经筵讲官、《四库全书》副总裁、蒙古正蓝旗都统，袭封轻车都尉，加太子少保。四十三年，乾隆帝东巡，扈驾盛京，途中病故。赠太子太保，赐祭葬，谥号“文恪”。

钟音墓碑　满汉文合璧，乾隆四十四年（1779）立。今立于北京市大兴区庞各庄福上村。

碑身

额题　满汉文“圣旨”。

碑额

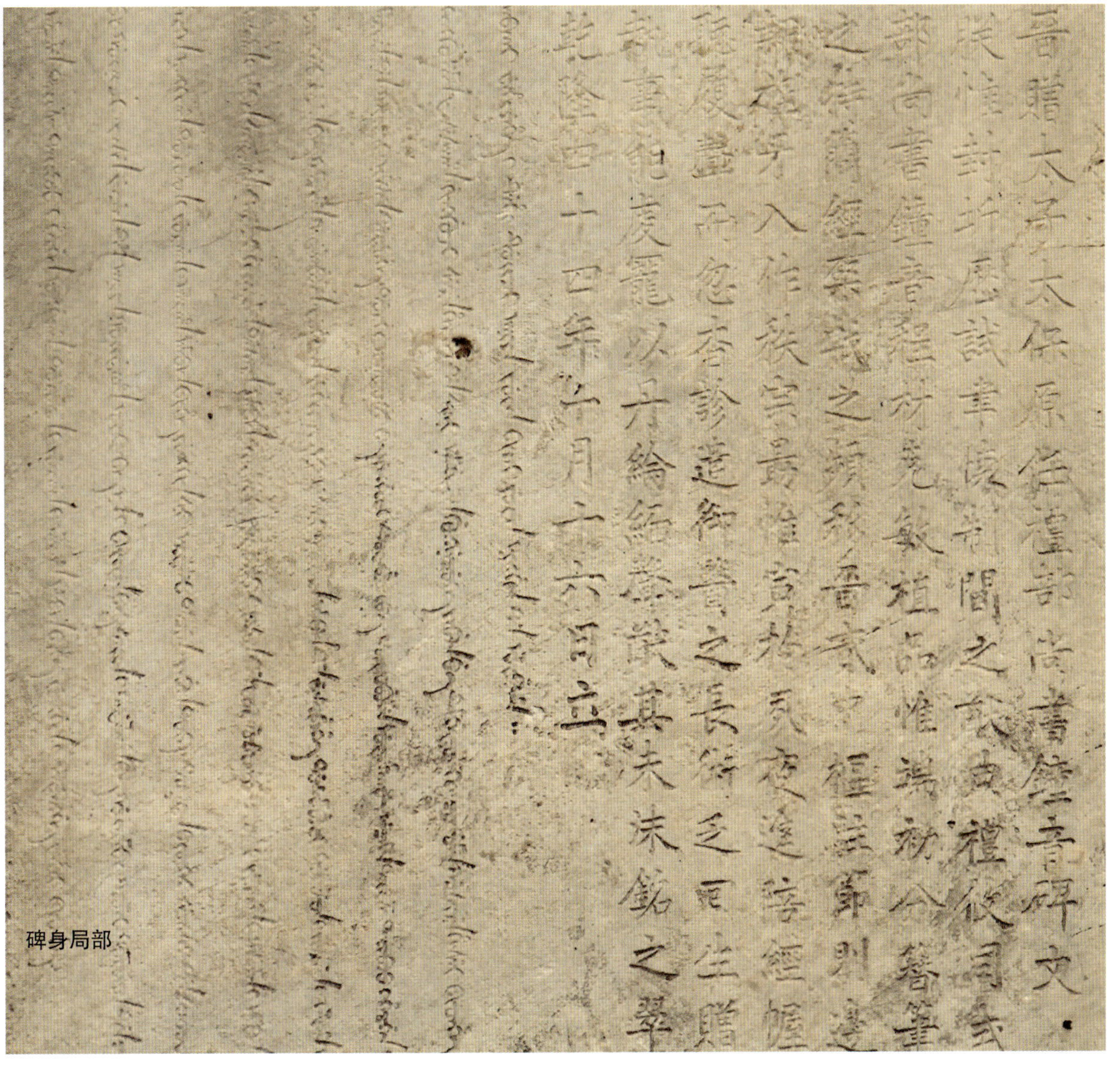

碑身局部

36. 赠钟音之父原任监察御史兼佐领朱满为荣禄大夫母吴氏为一品夫人诰封碑

朱满　钟音之父，原任监察御史兼佐领。父因子贵，以覃恩赠其为荣禄大夫、太子少保、兵部尚书兼都察院右都御史、总督福建浙江等处地方军务兼理粮饷盐课、世袭一等轻车都尉，赐予诰命；赠钟音母吴氏为一品夫人。

钟音父及母吴氏诰封碑　满汉文合璧，乾隆三十九年（1774）立。今立于北京市大兴区庞各庄福上村。

碑身

碑额

额题　满汉文“圣旨”。

碑座

碑阴碑身

37. 赠钟音之父原任监察御史兼佐领朱满为荣禄大夫生母张氏为一品夫人诰封碑

钟音父及生母张氏诰封碑 满汉文合璧，乾隆三十九年（1774）立。今立于北京市大兴区庞各庄福上村。

碑身

碑额

额题　满汉文“圣旨”。

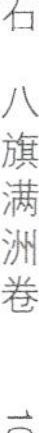

碑阴碑额

碑阴额题　满汉文“圣旨”。

碑阴碑身

38. 赠拜他喇布勒哈番兵部种马场理事官吴达哈之祖父宜章噶父黄噶为资政大夫祖母舒木李氏母纳喇氏为夫人诰封碑

吴达哈　曾任兵部种马场理事官加一级、拜他喇布勒哈番。父因子贵，吴达哈祖父母、父母分别获赠诰封。祖父宜章噶为资政大夫、兵部种马场理事官加一级、拜他喇布勒哈番，赐予诰命；祖母舒木李氏为夫人。父黄噶为资政大夫、兵部种马场理事官加一级、拜他喇布勒哈番，赐予诰命；母纳喇氏为夫人。

吴达哈祖父母、父母诰封碑　满汉文合璧，顺治十□年立。今存北京市丰台区文物库房。

额题　满汉文“奉天诰命”。

碑额

碑身局部（上）

碑身局部（中）

碑身局部（下）

39. 赠资政大夫副都统图达理及妻夫人觉罗氏墓碑

图达理　诰赠为资政大夫、副都统；妻觉罗氏为夫人。

图达理及妻觉罗氏墓碑　满汉文合璧，清朝初期。原址在辽宁省沈阳市大东区八家子，今存沈阳市法轮寺碑林。

碑身局部（上）

碑身局部（下）

碑身

碑阴

40. 一等精奇尼哈番吴礼堪墓碑

吴礼堪　亦写作武理堪，瓜尔佳氏，满洲正白旗。世居哈达费德里（今辽宁省西丰县）地方。哈达部未亡时归附努尔哈赤，授喀伦章京，巡哨各处，屡著劳绩。万历二十一年（1593），叶赫等九部来侵，吴礼堪奉命探察形势，遇敌率兵奋勇进击，大获全胜。努尔哈赤嘉其绩，赐佐领，使统之；每有征战，任前锋统领。天命四年（1619），萨尔浒之战时在呼兰地方巡哨，遇明总兵李如柏兵，率二十人击败其众，加授副将衔。不久去世。长子吴拜先袭管佐领事，后累升至光禄大夫、内大臣加一级。碑中记载了他的生平事迹。父因子贵，特赠吴礼堪为光禄大夫、内大臣加一级；赠母赫舍里氏为一品夫人。吴拜死后其子郎坦袭职。

吴礼堪墓碑　碑阳汉文，碑阴满文，康熙元年（1662）立。原址在辽宁省沈阳市沈河区文化路河湾村（大孤家子），今存沈阳市法轮寺碑林。

碑身局部（上）

碑身局部（下）

碑阴碑身　满文。

41. 三等精奇尼哈番一等下纳穆生格墓碑

纳穆生格　满洲正黄旗，兀鲁特地方博尔济吉特氏，其先世为元裔。满洲旗分的蒙古一姓。其父明安原系蒙古科尔沁兀鲁特部贝勒，世居兀鲁特地方，后率部归附努尔哈赤，授三等精奇尼哈番，编佐领。纳穆生格是明安第五子，袭封三等精奇尼哈番。顺治十七年（1660），以一等侍卫从征福建，在与郑成功军交战中阵亡。赠骑都尉兼一云骑尉，谥号“直勇”。

纳穆生格墓碑　满汉文合璧，康熙二年（1663）立。今立于北京大学医学部院内。

碑额

额题　满汉文“敕建”。

碑座

拓片　选自《拓本汇编》。

碑身局部（一）

碑身局部（二）

42．二等伯郎苏诰封碑

郎苏　亦写作郎素或朗肃，博尔济吉特氏，满洲正黄旗。二等伯明安第六子。顺治十一年（1654），袭二等伯。康熙元年（1662），因事革退，以其子班第袭职。后班第因病告退，其弟巴图袭职。特授光禄大夫，赐予诰命。

郎苏诰封碑　满汉文合璧，康熙九年（1670）制。今立于北京语言文化大学东部绿地内。

奉
天承運
皇帝制曰國家思創業之隆當崇報功之典人臣建輔運之績宜施錫爵之恩此激勸之宏規誠古今之通
義爾二等伯郎赫性資端亮才識宏通簡侍禁廷恪慎無愆於職守宣勞左右夙夜克矢乎寅恭任用有
年小心益勵服官匪懈歷試能勤欣逢慶典之逢宜沛恩綸之寵爰頒新命以示褒嘉茲以覃恩特授爾
階光祿大夫錫之誥命於戲推恩申命爰弘獎於忠貞樹德懋庸尚益勤於篤棐祇服綸命克盡乃心
康熙九年三月初六日

碑身

碑座

碑额　额题满汉文“诰命”。

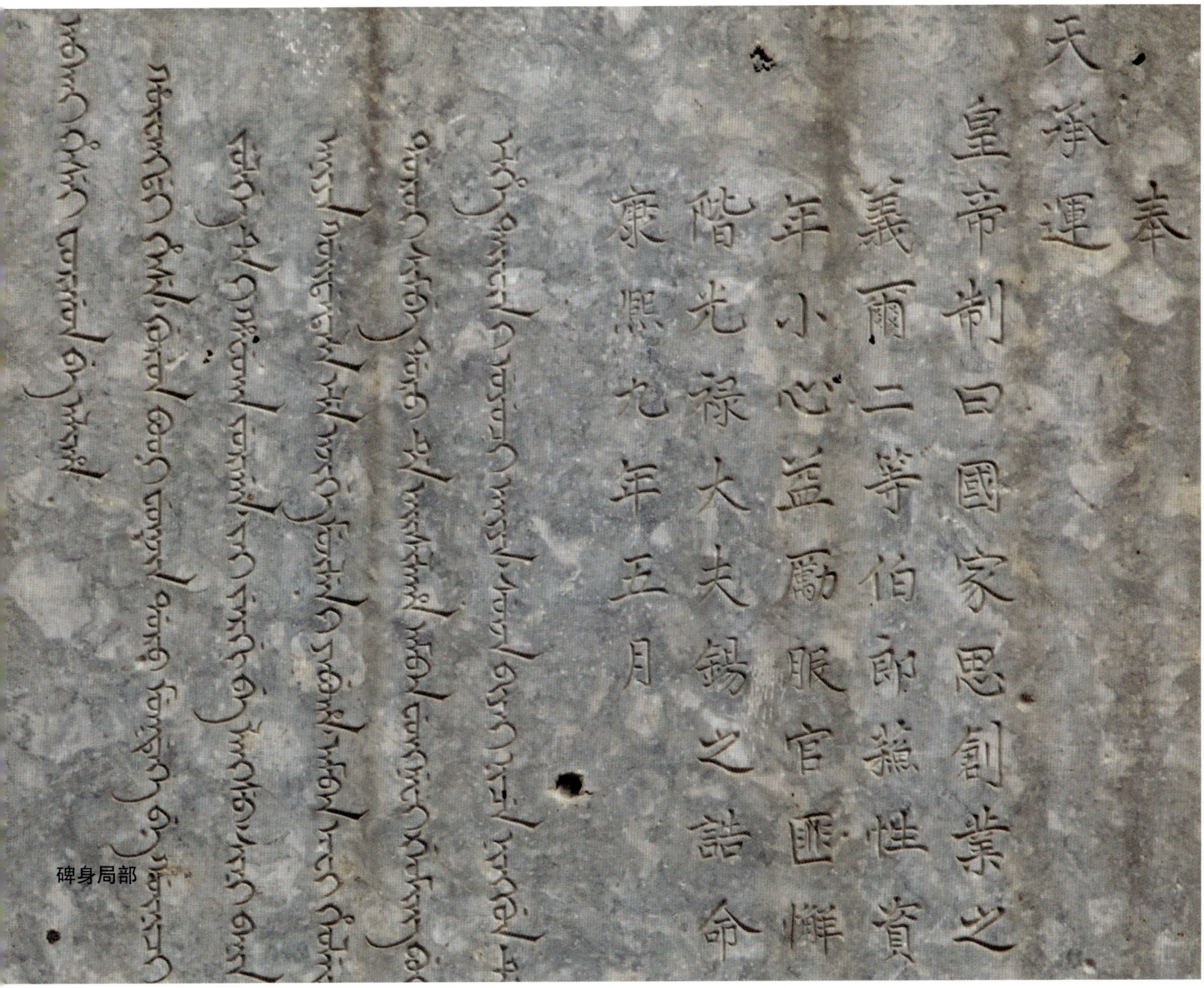

碑身局部

碑阴　满文。

碑阴碑身局部

43. 二等伯郎苏谕祭碑

郎苏谕祭碑 满汉文合璧，康熙二十五年（1686）祭。今立于北京语言文化大学东部绿地内。

維
康熙二十五年五月十一日
皇帝遣禮部左侍郎木成格
諭祭休致二等伯郎福之靈曰翊躬盡瘁臣子之芳踪卹死報勤國家之盛典爾郎福賦性
純良居心敬慎初承父職繼升官常方冀遐齡忽爾告終朕用悼焉特頒祭葬用展哀悰
嗚呼寵錫重壚賓享匪躬之報名垂信史聿昭不朽之榮爾如有知尚其歆享

碑身

碑座

碑额 额题满汉文“御祭”。

郎苏、巴图父子碑 郎苏诰封碑（左）、郎苏谕祭碑（中）、巴图诰封谕祭合璧碑（右）。

44. 领侍卫内大臣二等伯前锋统领兼佐领巴图诰封文谕祭文合璧碑

巴图　博尔济吉特氏，满洲正黄旗第二参领第十四佐领。郎苏之子。康熙三十四年（1695），袭二等伯。四十一年，升任领侍卫内大臣。四十二年，任内大臣；同年，任右翼前锋统领。四十三年，去世，谕祭葬。曾特授光禄大夫，赐予诰命。

巴图诰封文谕祭文合璧碑　满汉文合璧，碑右为诰封文，碑左为谕祭文，康熙四十六年（1707）立。今立于北京语言文化大学东部绿地内。

额题 满汉文“诰封”。

碑额

碑座

碑身局部

碑身

碑阴碑身局部

碑阴　满文。

45. 内大臣二等阿思哈尼哈番鄂齐尔墓碑

鄂齐尔　博尔济吉特氏，满洲正黄旗。明安长子三等副将昂洪之子。天聪七年(1633)，承袭父职。次年，改为三等梅勒章京。顺治年间，定为二等阿思哈尼哈番。其后，历任掌銮仪卫事的内大臣、领侍卫内大臣。十四年，去世，谥号“勤恪”。乾隆初，定封三等男。

鄂齐尔墓碑　满汉文合璧，顺治十五年（1658）立。原址在北京市海淀区五道口，今存北京石刻艺术博物馆。

碑身

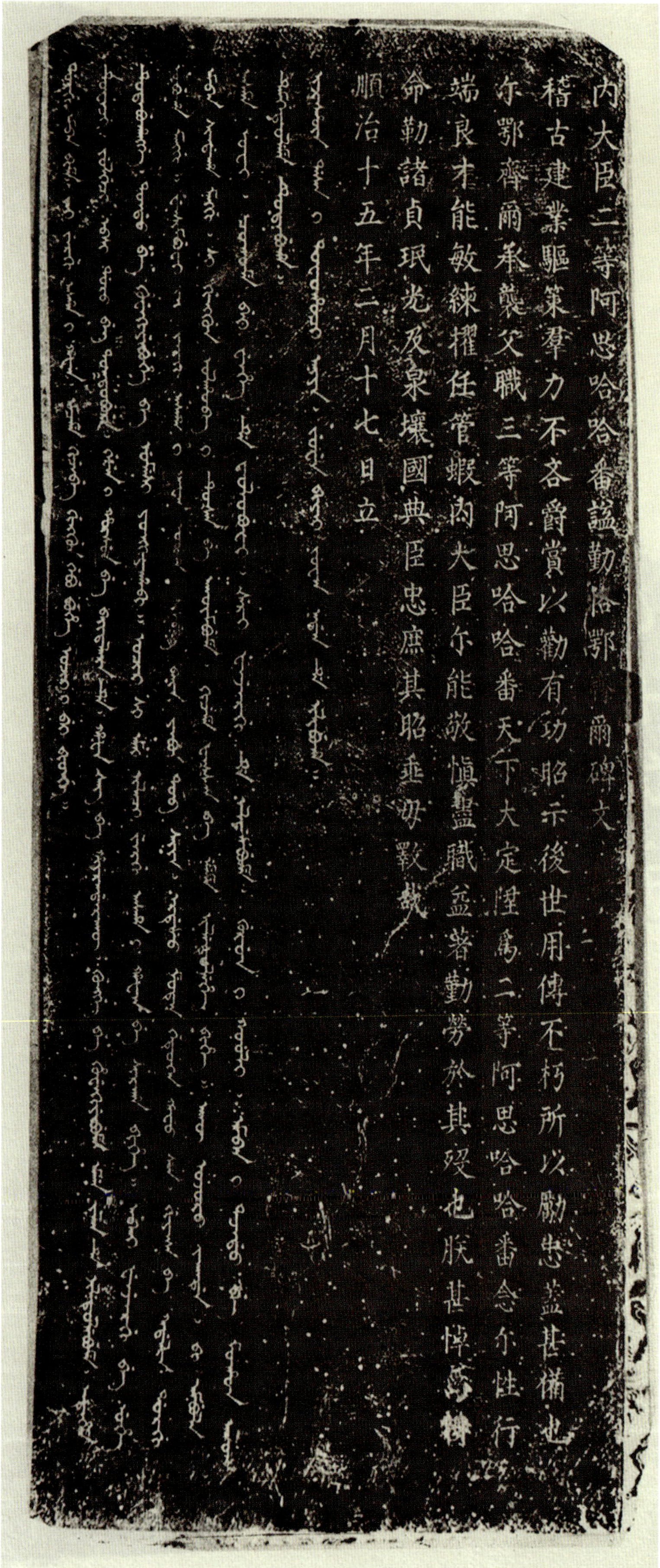

内大臣二等阿思哈哈番謚勤恪鄂□爾碑文

稽古建業驅策羣力不吝爵賞以勸有功昭示後世用傳不朽所以勵忠蓋甚備也

尔鄂齊爾承襲父職三等阿思哈哈番天下大定陞爲二等阿思哈哈番念尔性行

端良才能敏練擢任管蝦内大臣尔能敬慎盡職益著勤勞於其殁也朕甚悼焉特

命勒諸貞珉光及泉壤國典臣忠庶其昭垂毋斁哉

順治十五年二月十七日立

碑额 额题满汉文“敕建”。

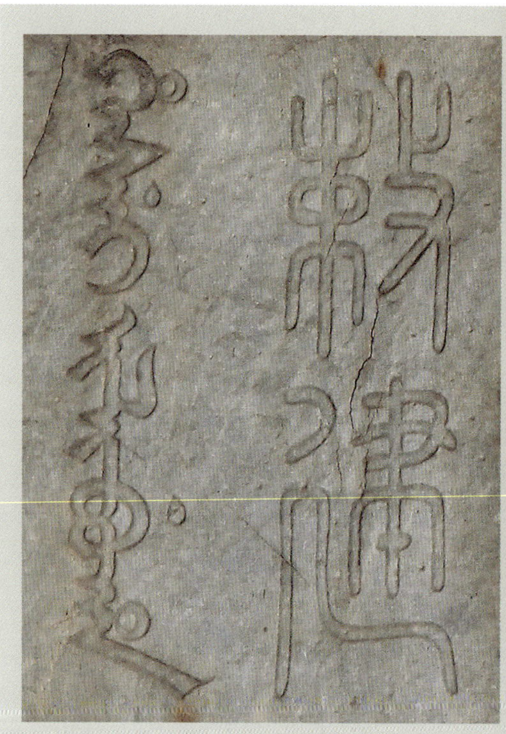

额题 满汉文“敕建”。

拓片 选自《拓本汇编》。

46. 一等阿达哈哈番下傅达礼墓碑

傅达礼　伊尔根觉罗氏，满洲正蓝旗。世居穆溪地方。因顺治帝病逝后，不惜以身殉侍，特授一等阿达哈哈番，赐予祭葬，谥号“忠烈”。

傅达礼墓碑　满汉文合璧，康熙二年（1663）立。今立于河北省遵化市马兰峪仓房村东。

碑身

额题 满汉文“敕建”。

碑额

碑座

47. 赠达海为光禄大夫内阁大学士诰封碑

达海　觉尔察氏，满洲正蓝旗。先世居觉尔察，以地为姓。祖博洛在努尔哈赤时归附。达海九岁即通满汉文，在努尔哈赤身边和皇太极时的文馆做翻译。天聪三年（1629），八旗军兵临北京，与明议和，达海奉命将文书放在德胜门与安定门外。此后在出征明朝时，达海在沙河驿以汉语劝降；攻克永平以汉语告谕军民；以汉语慰劳明降将孟乔芳、杨文魁、杨声远等；以汉语安抚汉儿庄；破大凌河，以汉语招降祖大寿并传谕慰劳。因功授游击、三等轻车都尉。五年，赐号“巴克什”。达海补额尔德尼、噶盖所创制的满文不足，增为十二字头。六年，又奉命将无圈点满文加圈点，使满文更加完善。同年，因病去世，年仅三十八岁，赐谥号“文成”。康熙八年（1669），其孙禅布为达海请赐立碑。九年，追立石碑。

达海诰封碑　汉满蒙文合璧，康熙四年（1665）立。原址在辽宁省沈阳市文化东路52号，今存盘锦市辽河碑林。

额题拓片　选自《拓本汇编》。

碑额　额题汉满蒙古文“封诰”。

碑身局部

碑身

碑阴碑身

48. 三等阿达哈哈番巴克式达海墓碑

达海墓碑　满汉文合璧，康熙九年（1670）立。原址在辽宁省沈阳市文化东路52号，今存盘锦市辽河碑林。

额题 满汉文“敕建”。

碑额

碑身局部

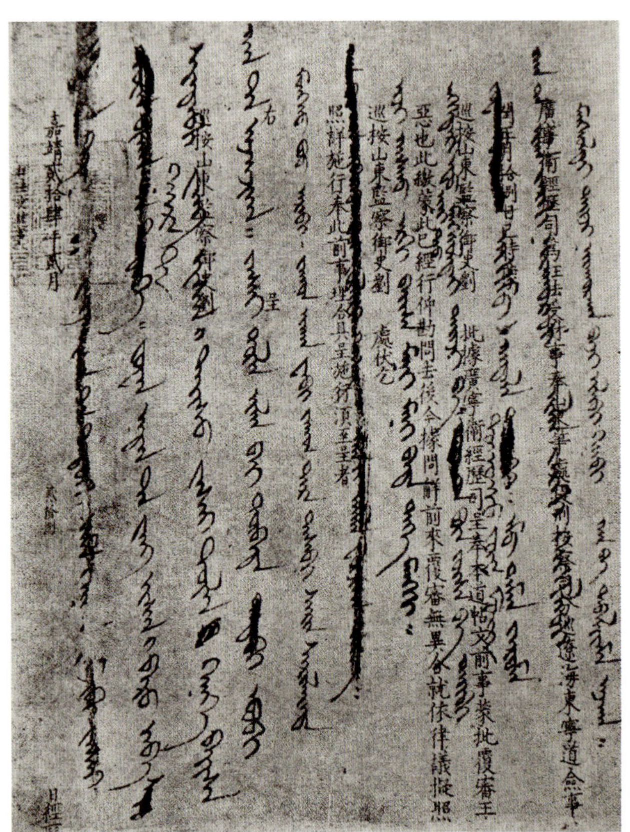

无圈点满文 亦称老满文，写在明朝公文纸上的老满文档案，因在努尔哈赤初期纸张匮乏所致。选自《清开国史料考》。

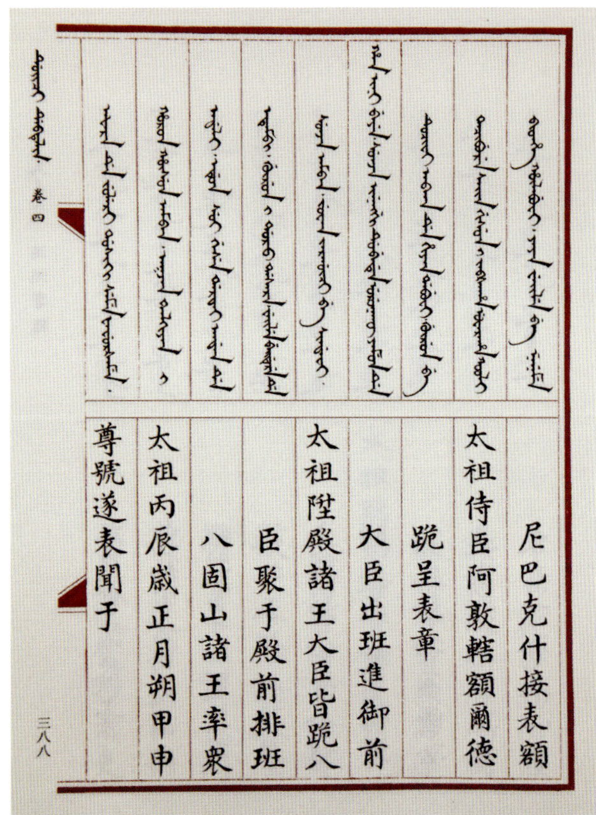

尼巴克什接表額
太祖侍臣阿敦轄額爾德
跪呈表章
大臣出班進御前
太祖陞殿諸王大臣皆跪八
臣聚于殿前排班
八固山諸王率衆
太祖丙辰歲正月朔甲申
尊號遂表聞于

卷四

三八八

有圈点满文 亦称新满文，选自《满洲实录》，乾隆年间本，辽宁省档案馆藏。

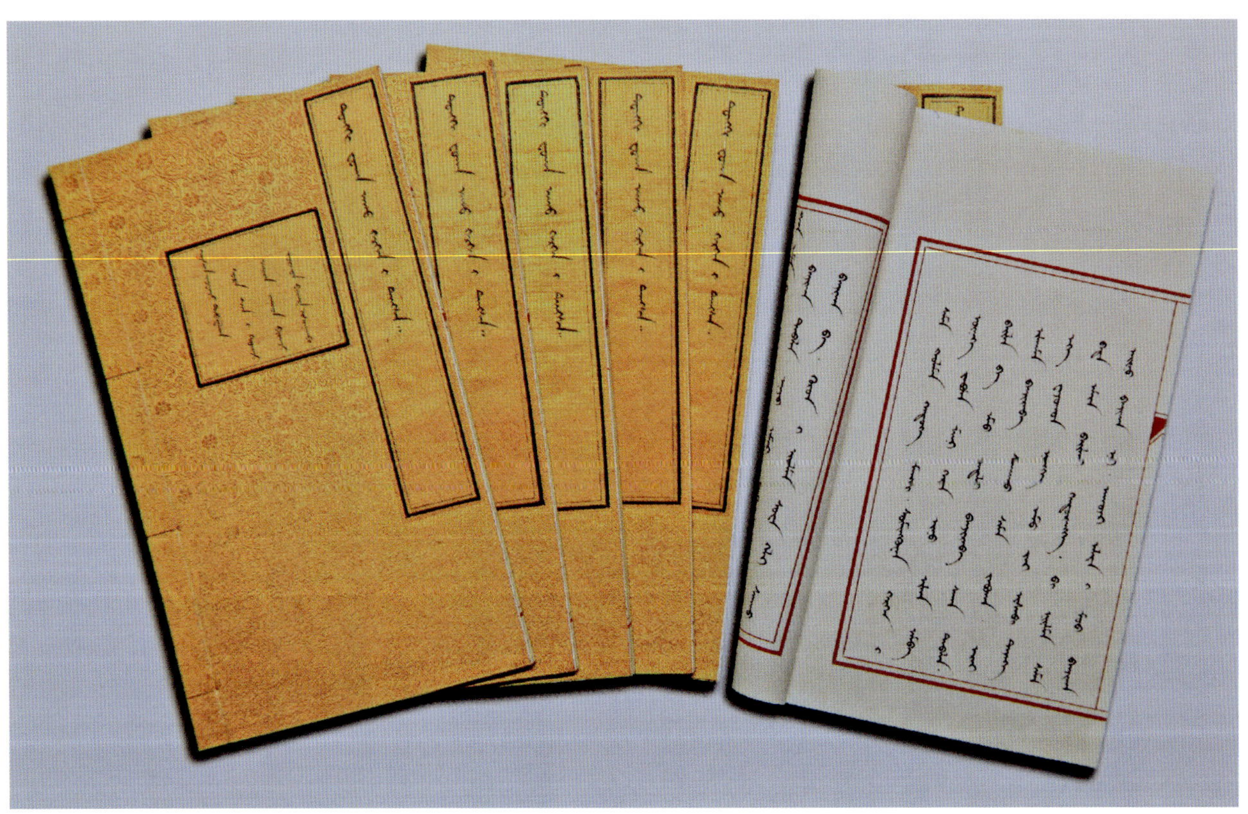

无圈点满文 选自《满文老档》，乾隆年间本，辽宁省档案馆藏。

碑座

有圈点满文木牌 崇德元年（1636），多罗武英郡王阿济格率兵入关内，用新满文撰写的在北京周围与明军作战报告。选自《清代文书档案图鉴·满文木牌》。

49. 副都统浑进墓碑

浑进　生于万历三十二年（1604）。随八旗军入关，屡立战功。康熙初年，曾任副都统。四年（1665），阵亡，享年六十二岁。谥号“壮勤”。

浑进墓碑　残碑，满汉文合璧，康熙四年（1665）立。今存北京市丰台区连山岗石刻园。

碑身局部

50. 特授驻防孝陵掌关防郎中拖沙喇哈番穆成格为资政大夫诰封碑

穆成格　初任壮大品级内司库，二任拖沙喇哈番品级内司库，三任内官兼员外郎，四任拖沙喇哈番照旧员外郎，五任拖沙喇哈番照旧员外郎加一级，六任掌关防郎中。曾特授资政大夫，赐予诰命。康熙六年（1667），时任驻防孝陵掌关防郎中、拖沙喇哈番加一级。

穆成格诰封碑　满汉文合璧，康熙六年（1667）立。今立于河北省遵化市马兰峪东南许家峪村西。

额题　满汉文“诰封”。

碑额

碑身局部

碑身

51. 奉天等处地方副都统辛泰孝思碑

辛泰　亦写作新泰，满洲镶白旗。康熙四年（1665），由参领接替副都统达都，任奉天等处地方副都统。十年，乞休。

辛泰孝思碑　满汉文合璧，康熙六年（1667）立。原址不祥，今存辽宁省沈阳市法轮寺碑林。

碑身局部（一）

碑身局部（二）

碑身局部（三）

碑身局部（四）

52. 特授户部掌印郎中色黑为资政大夫诰封碑

色黑　初任内翰林院国史院检讨，二任本院编修，三任本院编修加一级，四任本院侍读，五任兵部员外郎，六任户部郎中。康熙六年（1667），时任户部掌印郎中加一级，以覃恩特授资政大夫，赐予诰命。

色黑诰封碑　满汉文合璧，康熙六年（1667）制。原址在北京市朝阳区南磨坊架榆树，今立于奥林匹克公园。原碑座遗失，今系补配。

碑额

额题　满汉文“诰封”。

天承運

皇帝制曰褒忠表義昭代之良規崇德報功聖王之令典特頒恩命以獎勤勞尓戶部掌印郎中加一級

黑性資端謹才識宏通佐理計部慎無斲於職守宣勞政務夙夜克矢孚寅恭任用有年小心益勵崇

階洊陟歷試能勤欣茲慶典之逢宜沛恩綸之寵茲以覃恩特授尓階資政大夫錫之誥命於戲恩推自

近乃弘獎是崇階業廣惟勤尚克承夫寵錫欽予時命廣嘉猷　初任內翰林國史院檢討　二任本

院編修　三任加一級　四任本院侍讀　五任兵部員外郎　六任戶部郎中　七任今職

康熙六年十一月二十六日

拓片　选自《拓本汇编》。

碑身

碑身局部（一）

碑身局部（二）

53. 原任刑部尚书都察院左都御史尼满家族诰封碑

尼满　富察氏，满洲镶黄旗。世居沙济地方，其祖父高图归附努尔哈赤。崇德六年（1641），考授笔帖式。顺治二年（1645），授编修。八年，任内秘书院侍读，两年后任侍读学士。十三年，任内弘文院学士。十五年，任保和殿学士兼礼部左侍郎。十七年，任刑部右侍郎。康熙二年（1663），升任刑部尚书。五年，调任都察院左都御史。八年，卸任，以原品级随旗行走，不久去世。

尼满家族诰封碑　满汉文合璧，康熙七年（1668）立。今立于辽宁省法库县邦牛堡村。

碑座

碑额 额题满汉文“诰封”。

碑阴碑身局部

碑阴

碑阴碑身

54. 大清封赠特进光禄大夫管下内大臣一等阿达哈哈番管佐领加一级雅士塔墓碑

雅士塔　佟佳氏，满洲正白旗。世居马尔察地方，与把都里札尔固齐同族。后金初年，率本族二百余人和汉人二百三十余人来归。设佐领使统之，官至护军统领。封赠特进光禄大夫、管下内大臣、一等阿达哈哈番、管佐领加一级。其子穆福官至太子少傅、领侍卫内大臣，爵至一等阿达哈哈番。

雅士塔墓碑　满汉文合璧，康熙八年（1669）立。今立于辽宁省抚顺县金家村东。

碑身

碑阴碑身局部（一）

碑阴碑身局部（二）

55. 诰赠资政大夫镇守山西陕西固山大穆尔太墓碑（碑阴为诰封碑）

穆尔太　初任护军营护军校，历任三等侍卫、二等侍卫、拖沙喇哈番世职、兵部副理事官。顺治十四年（1657），时任西安府甲喇章京品级西固山大（协领）。特授资政大夫，赐予诰命。康熙元年（1662），因病去世。有二子：苏赫德、金成，苏赫德时任户部员外郎。

穆尔太墓碑　满汉文合璧，康熙八年（1669）立。原址在北京市海淀区羊坊店高楼村，今存北京石刻艺术博物馆。

碑身

碑阴　满汉文合璧，顺治十四年（1657）制。

碑阴碑身局部（上）

碑阴碑身局部（下）

56. 特授三等阿达哈哈番管佐领前锋统领法尔纳为资政大夫赠妻沙克察氏封继妻他他喇氏为夫人诰封碑

法尔纳　萨克达氏，满洲正白旗。初任壮达（满语，汉译护军校），因其在镇压抗清农民军和明福王政权中的“战功”，授拖沙喇哈番世职。顺治七年（1650），晋拜他喇布勒哈番加一拖沙喇哈番世职。九年，在江宁（今南京）击败郑成功进攻，升为三等阿达哈哈番加一级，任官护军参领。康熙九年（1670），时任前锋统领兼管佐领；特授资政大夫，赐予诰命。

法尔纳诰封碑　碑阳汉文，碑阴满文，碑中刻有两道诰封碑，分别是顺治十七年（1660）和康熙九年（1670）制。原址在北京市朝阳区六里屯，今立于奥林匹克公园。

碑身局部（一）

碑身局部（二）

碑阴碑身

57. 赠阿山为通议大夫诰封碑

阿山　本人能勤劳治家，教子有方，报效国家。子为工部郎中兼佐领。康熙九年（1670），父因子贵，以覃恩赠封通议大夫、工部郎中兼佐领，赐予诰命。

阿山诰封碑　满汉文合璧，康熙九年（1670）制。原址在北京市朝阳区亚运村安慧里，今立于奥林匹克公园。原碑座遗失，今系补配。

碑身

额题　满汉文“诰封”。

碑座

碑额

皇清誥封通議大夫阿公之碑
奉
天承運
皇帝制曰揚名顯親為子者願以令德歸
毅無慚念爾嗣之勤勞既克家而報國
命於戲教誨爾子不忝於家聲聿脩
大清康熙九年五月初六日

碑身局部

58. 授一等伯内大臣索尼为一等公诰封碑

索尼　赫舍里氏，满洲正黄旗。天命四年（1619），随父硕色自哈达归附后金。努尔哈赤以其通满、汉、蒙古文，命在书房（文馆）办事，授一等侍卫。天聪四年（1630），从征明至榛子岭、沙河驿等地，奉命以汉文书晓谕，兵不血刃，遂使其居民剃发归降。五年，从皇太极攻取锦州。崇德三年（1638），任吏部启心郎。八年，皇太极病逝，联合满洲两黄旗大臣拥立皇子。顺治元年（1644），以不阿附多尔衮，被削职，遣守昭陵。八年，顺治帝亲政，称其为“真忠节臣”，特旨召还。其后晋爵一等伯，任内大臣兼议政大臣和总管内务府大臣。十八年，顺治帝临危遗诏为四辅政大臣之首。康熙六年（1667），加授一等公，世袭罔替；同年去世，谥号“文忠”。

索尼诰封碑　满汉文合璧，康熙十年（1671）立。原址在北京市海淀区北太平庄索家坟，今存北京石刻艺术博物馆。

额题　满汉文“诰命”。

碑座

碑额

碑身局部

碑身

碑阴碑身

碑阴碑额

碑阴额题 满文，汉译“诰命”。

碑阴碑身局部

59. 一等伯内大臣索尼撰保安禅寺记碑

索尼撰保安禅寺记碑 满汉文合璧，康熙二年（1663）立。今立于北京市西城区地安门西大街133号居民院中。碑阳碑文由索尼撰文，叙述了保安禅寺渊源及重修经过；碑阴为重修捐资者题名，有吴应熊、耿聚忠、尚之隆、耿精忠、尚之信、张绍忠、范文程、宁完我、孙延龄、祖泽润、张天福、祖植松等清初朝廷重臣。

碑额　额题满汉文“敕建碑记”。

碑座

碑身局部（上）

碑身局部（中）

碑身局部（下）

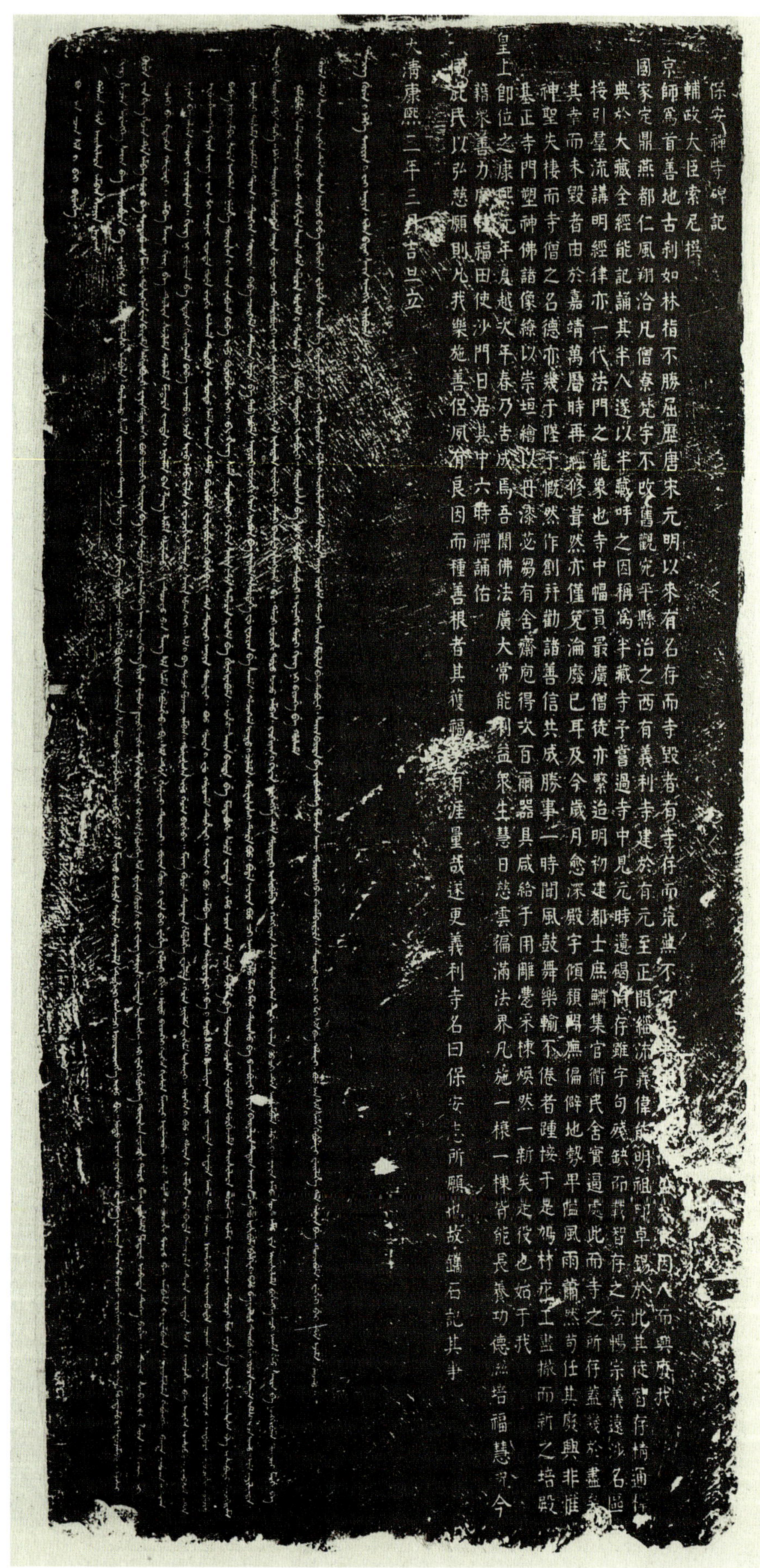

保安禪寺碑記

輔政大臣索尼撰

京師爲首善地古刹如林指不勝屈歷唐宋元明以來有名存而寺毀者有寺存而荒蕪不可[illegible]因人而興廢我

國家定鼎燕都仁風翔洽凡僧寮梵宇不改舊觀宛平縣治之西有義利寺建於有元至正間緇流義偉於明祖即卓錫於此其徒智存楠通[illegible]

典於大藏全經能記誦其半入遂以半藏呼之因稱爲半藏寺予嘗過寺中見元時遺碣尚存雖字句殘缺而義智存之宏暢宗義遠涉名區

接引羣流講明經律亦一代法門之龍象也寺中幅員最廣僧徒亦繁迨明初建都士庶鱗集官衙民舍實逼處此而寺之所存蓋幾於盡矣

其幸而未毀者由於嘉靖萬曆時再經修葺然亦僅免淪廢已耳及今歲月愈深殿宇傾頽闕廡偏僻地勢卑臨風雨蕭然苟任其廢興非惟

神聖失棲而寺僧之名德亦幾于隆予慨然作創并勸諸善信共成勝事一時聞風鼓舞樂輸不倦者踵接于是鳩材庀工盡撤而新之培殿

基正寺門塑神佛諸像繚以崇垣繪以丹漆苾芻有舍齋庖得次百爾器具咸給于用雕甍采棟煥然一新矣是役也始于我

皇上卽位之康熙元年夏越次年春乃告成焉吾聞佛法廣大常能利益衆生慧日慈雲徧滿法界凡施一椽一棟皆能長養功德滋培福慧況今

籍衆善力廣[illegible]福田使沙門日居其中六時禪誦佑

[illegible]民以弘慈願則凡我樂施善侶夙有良因而種善根者其獲福[illegible]有涯量哉遂更義利寺名曰保安志所願也故鑴石記其事

大清康熙二年三月吉旦立

拓片 选自《拓本汇编》。

碑阴额题 满汉文“万古流芳”。

碑阴局部

碑阴碑身局部

60. 皇清诰赠（正一品）光禄大夫牛录章京一等伯总理朝内事务内大臣加议政大臣特黑讷及妻一品夫人纳喇氏墓碑（碑阴为诰封碑附索尼恭勒碑记）

特黑讷　亦写作特赫讷，赫舍里氏，满洲正黄旗。其父为穆瑚禄都督，世居都英额地方，后迁居哈达部。特赫纳第三子瑚什穆巴颜生二子：硕色巴克什、希福巴克什。天命初年，硕色偕其弟希福等部属自哈达附后金，隶属正黄旗。努尔哈赤以硕色及其子索尼兼通满汉及蒙古文字，命他们在书房（文馆）办事，赐名巴克什。特黑纳曾孙索尼曾任内大臣兼议政大臣、总管内务府大臣，一等伯爵，加授一等公。故诰赠特黑讷光禄大夫、牛录章京、一等伯、总理朝内事务内大臣加议政大臣。

特黑讷及妻纳喇氏墓碑　满汉文合璧，顺治十三年（1656）立。原址不详，今存辽宁省沈阳市法轮寺碑林。

碑额

额题 满汉文“敕封”。

拓片 选自《沈阳碑志》。

碑身

碑阴碑身

碑阴拓片 选自《沈阳碑志》。

碑阴碑额

碑阴额题 满汉文“诰命”。

61. 皇清诰赠（正一品）光禄大夫牛录章京一等伯总理朝内事务内大臣加议政大臣扈世穆及妻一品夫人纳喇氏墓碑（碑阴为诰封碑附索尼恭勒碑记）

扈世穆　亦写作瑚什穆，赫舍里氏，满洲正黄旗。特黑纳第三子，索尼祖父。索尼曾任内大臣兼议政大臣、总管内务府大臣，爵一等伯加授一等公。故诰赠扈世穆为光禄大夫、牛录章京、一等伯、总理朝内事务内大臣、议政大臣；其妻纳喇氏为一品夫人。顺治十三年（1656），索尼将其诰赠文刻于碑上。

扈世穆及妻纳喇氏墓碑（右）　满汉文合璧，顺治十三年（1656）立。今存辽宁省沈阳市法轮寺碑林。

碑身

碑阴碑身

碑额

碑阴碑额

额题 满汉文“敕封”。

碑阴额题 满汉文“诰命”。

62. 皇清诰封光禄大夫世袭一等伯赫摄里氏索心裕圹志碑

索心裕　赫舍里氏，满洲正黄旗，索尼与关氏第五子。生于顺治九年（1652），历任总理提督、銮仪卫掌卫一应事物、管御前侍卫内大臣、都统、议政大臣掌银库事管佐领，世袭一等伯加四级。卒于康熙四十五年（1706），时年五十五岁。元配诰封一品夫人关氏，其父傅达礼为御前一等侍卫，世袭一等阿达哈哈番；卒于康熙二十一年，年仅二十九岁。继妻宗室觉罗氏，诰封一品夫人，卒于康熙五十五年，时年四十八岁。

索心裕圹志碑　汉文，康熙五十五年（1716）立。原址在北京市海淀区北太平庄索家坟，今存首都博物馆。本图片由首都博物馆提供。

碑身

63. 清故淑女黑舍里氏圹志铭碑

众圣宝　黑舍里氏，亦作赫舍里氏，法名“众圣宝”，满洲正黄旗。祖父是康熙朝初年四辅政大臣之首索尼，曾任内大臣兼议政大臣、总管内务府大臣，一等公。父索额图，曾任太子太傅、保和殿大学士、内大臣、领侍卫内大臣、议政大臣。她年仅七岁夭折，索额图为其修建了富丽堂皇的墓室。

淑女黑舍里氏圹志铭碑　碑阳满文，碑阴汉文，康熙十四年（1675）立。原碑由北京市西城区德胜门外索家坟出土，今存北京石刻艺术博物馆。

碑身

碑额

额题拓片 满文，汉译“墓志铭”，选自《拓本汇编》。

碑阴额题拓片 汉文“墓志铭”，选自《拓本汇编》。

碑阴

64. 诰封中宪大夫防守尉哈尔布及妻觉罗氏墓碑

哈尔布　武祖氏，亦写作乌苏氏、武苏氏，满洲镶蓝旗。出生于万历三十年（1602）。自幼骁勇强健，年十六即跟随太祖努尔哈赤起兵，“威震行阵”。崇德元年（1636），授骁骑校，夺取杏山、松山等处有功。清军入关后，从征全国各地，以功升任防守尉，晋封为中宪大夫。康熙六年（1667），父因子贵，封光禄大夫、都察院左副都御史；赠元配觉罗氏为一品太夫人。十年（1671），因病去世，享年七十岁。

哈尔布及妻墓碑　满汉文合璧，康熙十年至十五年（1676）刻。今立于北京市怀柔区歧庄红林村。

碑额

额题　满汉文“墓表”。

碑座

拓片　选自《拓本汇编》。

碑身局部

65. 特授镇守奉天等处将军达都为光禄大夫赠妻觉罗氏封继妻佟佳氏为一品夫人诰封碑（碑阴为墓碑）

达都　尼竺浑氏，满洲镶红旗。先祖世居叶赫地方。历任工部郎中、掩沙喇哈番照旧郎中、拜他喇布勒哈番照旧郎中。顺治十五年（1658），任盛京梅勒将军（奉天副都统）。康熙四年（1665），任镇守奉天等处将军加一级。特授光禄大夫，赐予诰命；赠妻觉罗氏、封继妻佟佳氏为一品夫人。七年，卸任。

达都诰封碑　满汉文合璧，康熙十年（1671）立。今立于辽宁省灯塔市鸡冠山乡胡巴什村。

碑额

额题　满汉文“敕建”。

碑身局部（上）

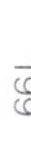

碑座残件（一）

碑座残件（二）

碑身局部（下）

碑阴碑身局部（上）

碑阴碑身局部（下）

66. 诰授光禄大夫拜他喇布勒哈番兵部左侍郎石图谕祭碑（碑阴为诰封碑）

石图　初任内翰林国史院侍读，历任本院侍读学士、拖沙喇哈番照旧侍读学士、拜他喇布勒哈番照旧侍读学士、工部启心郎、内翰林弘文院学士。顺治十三年（1656），任兵部右侍郎。十四年，以覃恩特授阶光禄大夫，赐予诰命。康熙元年（1662），升任兵部左侍郎，加二级，仍享世职拜他喇布勒哈番。六年，卸任。九年，去世。

石图谕祭碑　满汉文合璧，康熙十年（1671）立。原址在北京市丰台区三路居万泉寺梆子井村，今存丰台区凤凰嘴金中都遗址（此处以碑座的朝向为碑阳）。

碑额　额题难以辨认。

碑身拓片局部　选自《丰台区石刻文物图录》。

碑身局部

碑阴碑额 额题满汉文“诰封”。

碑阴额题拓片 选自《丰台区石刻文物图录》。

碑阴碑身局部

碑阴

碑阴拓片 选自《拓本汇编》。

67. 特授法衣丹尼哈番头等下胡尔哈为资政大夫诰封碑

胡尔哈　初任六品法衣丹尼哈番（王府典仪）；二任四品法衣丹尼哈番；三任加一级；四任头等下；五任今职头等下加一级。因其在王府任事，能尽心尽力，特授资政大夫，赐予诰命。

胡尔哈诰封碑　满汉文合璧，康熙十一年（1672）立。原址在北京市海淀区北沙沟村，今存北京石刻艺术博物馆。

碑额

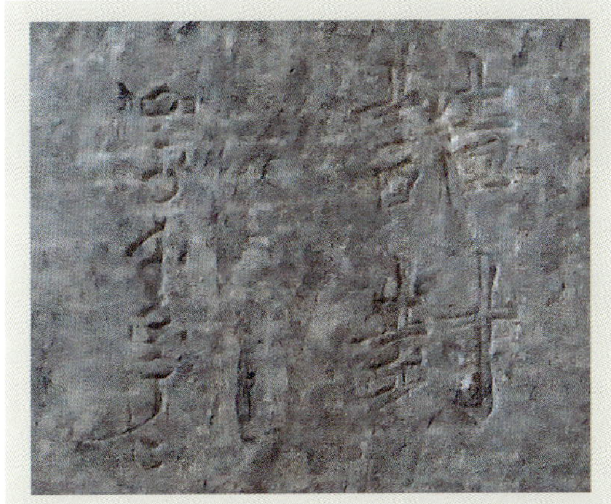

额题　满汉文“诰封”。

碑座

拓片　选自《拓本汇编》。

碑身局部（一）

碑身局部（二）

碑身局部（三）

碑身局部（四）

68. 特授三等阿达哈哈番下壮大黑白昂邦博博尔代为资政大夫诰封碑（碑阴为墓碑）

博博尔代　满洲镶蓝旗。初任二等护卫，曾跟随和硕郑亲王南征北战。崇德七年（1642），攻取锦州、松山、杏山、塔山城时，著有劳绩。以功加授一等护卫为护卫长，晋封为拜他喇布勒哈番。顺治五年（1648），多尔衮摄政时，以袒护郑亲王罪，削世职夺护卫。顺治帝亲政，郑亲王得以平反，博博尔代遂复原职，加一拖沙喇哈番，授三等阿达哈哈番，得与议政之列。十四年，加一级，晋阶资政大夫，追赠三代。康熙十年（1671），因病去世，享年六十三岁。

博博尔代诰封碑　满汉文合璧，康熙十二年（1673）立。诰封文顺治十四年（1657）制。原址在北京市丰台区右安门外祖家坟，今存北京石刻艺术博物馆。

额题 满汉文“诰封”。

碑额

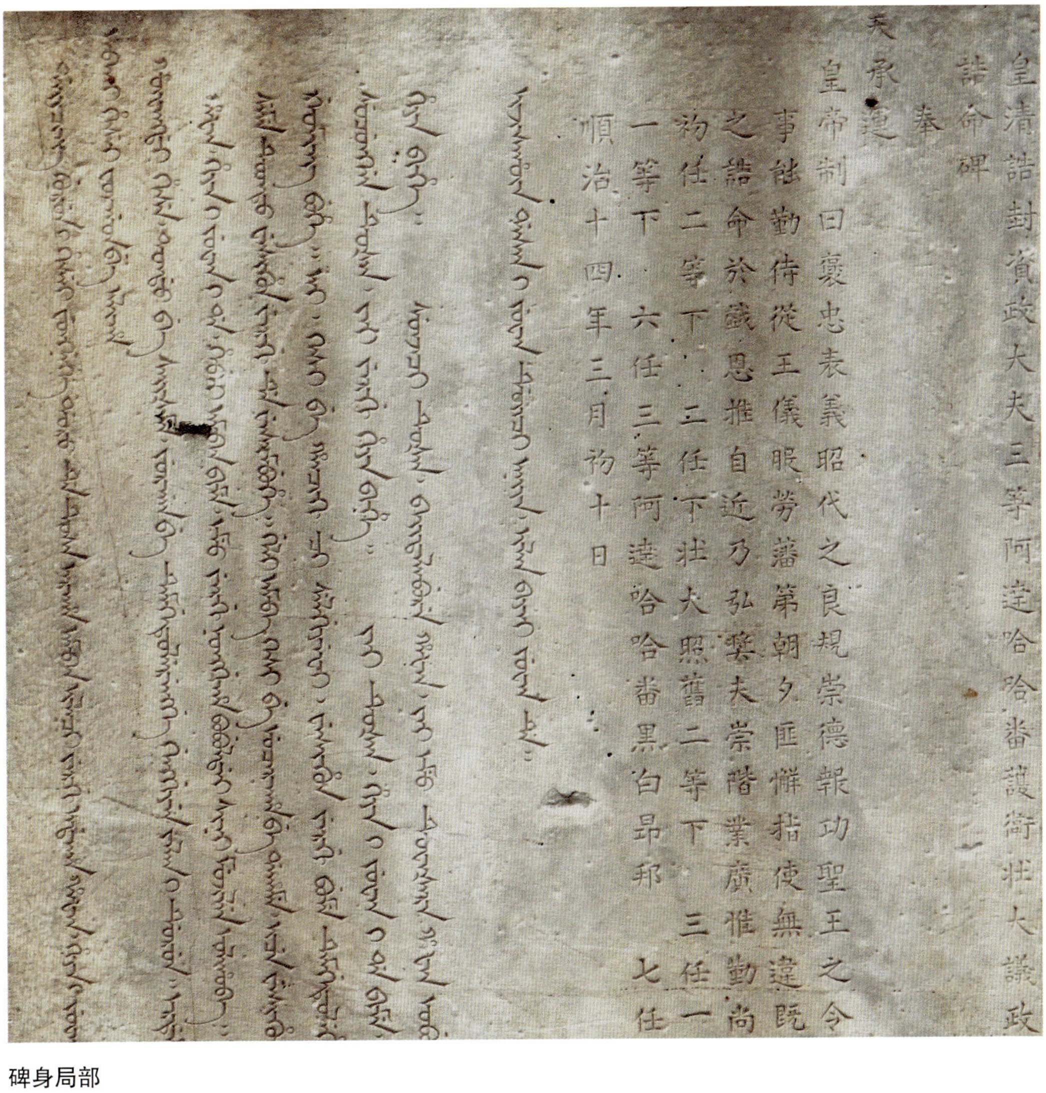

碑身局部

皇清誥封資政大夫三等阿達哈哈番改授壯大議政大臣加一級傅公
誥命碑
奉天承運
皇帝制曰褒忠表義昭代之良規崇德報功聖王之令典特頒恩命以獎勤勞爾三等阿達哈哈番下壯大黑白昂邦加一級傅傅爾代持心克謹任
事能勤侍從王儀服勞藩第朝夕匪懈指使無違既以舊勞晉爵頭秩後建武典宜被新榮爰與寵章益資勤力茲以覃恩特授爾階資政大夫錫
之誥命於戲恩推自近乃弘獎夫崇階業廣惟勤尚克承夫寵錫欽予時命勵爾嘉猷
初任二等下二任下壯大照舊二等下三任一等下四任拜他喇布勒哈番照舊一等下五任拜他喇布勒哈番又一拖沙喇哈番照舊
一等下六任三等阿達哈哈番黑白昂邦七任今職
順治十四年三月初十日

碑身

碑阴碑身

69. 户部尚书海望墓碑

海望　乌雅氏，满洲正黄旗。世居哈达地方。雍正元年（1723），由护军校升任内务府主事，历官郎中、崇文门监督、总管内务府大臣兼管户部三库事务、内大臣、军机大臣等职。雍正帝遗命为辅政大臣之一。乾隆年间，历任户部尚书、礼部尚书，授拖沙喇哈番世职，加太子少保。二十年，病故。赐祭葬，谥号“勤恪”。

海望墓碑　满汉文合璧，乾隆二十年（1755）立。原址在北京市朝阳区洼里乡龙王堂村，今立于奥林匹克公园。

额题 满汉文“恩赐”。

碑额

碑身局部

碑身

海望家族墓碑　由左至右海望曾祖父海公与曾祖母那氏神道碑、海望上三代诰封碑、海望父留住与母觉罗氏墓表碑、海望墓碑。

碑座

70. 赠驻扎昭陵掌关防参领品级佟爱之父海色为资政大夫母纳喇氏为夫人诰命碑

海色　乌雅氏，亦写作吴雅氏，满洲正黄旗，世居哈达地方。其父萨穆哈在康熙年间曾任工部尚书等职，兄为额柏根（卫武祖父）。海色原任员外郎，诰赠为资政大夫，赐予诰命；妻纳喇氏（佟爱母）诰赠为夫人。其子佟爱原任护军校、昭陵掌关防官（正四品），多弼原任都察院左副都御史、兼内务府总管兼佐领。其孙留住获诰赠光禄大夫、内大臣、户部尚书兼内务府总管。其曾孙海望为雍正、乾隆两朝重臣。

海色及妻纳喇氏诰命碑　碑阳汉文，碑阴满文，康熙十二年（1673）立。原址不详，今存辽宁省沈阳市法轮寺碑林。

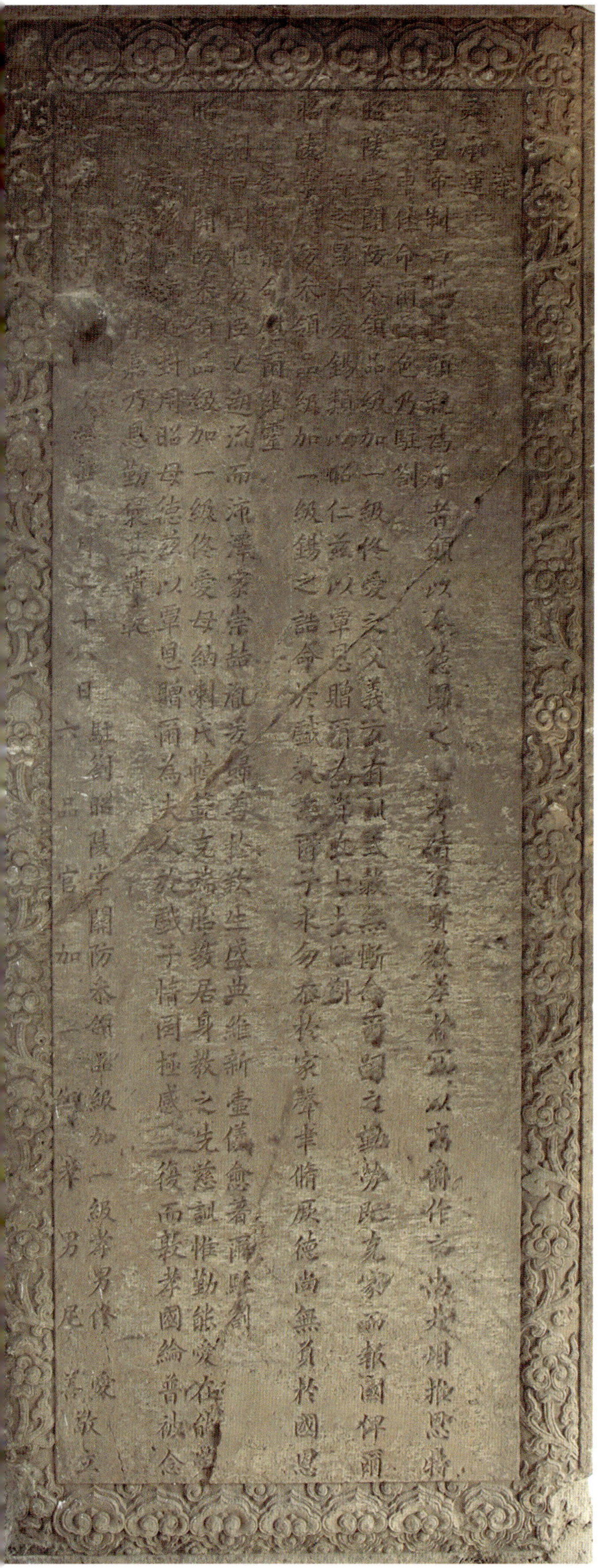

碑身

碑阴碑身

碑阴碑身局部（一）

碑阴碑身局部（二）

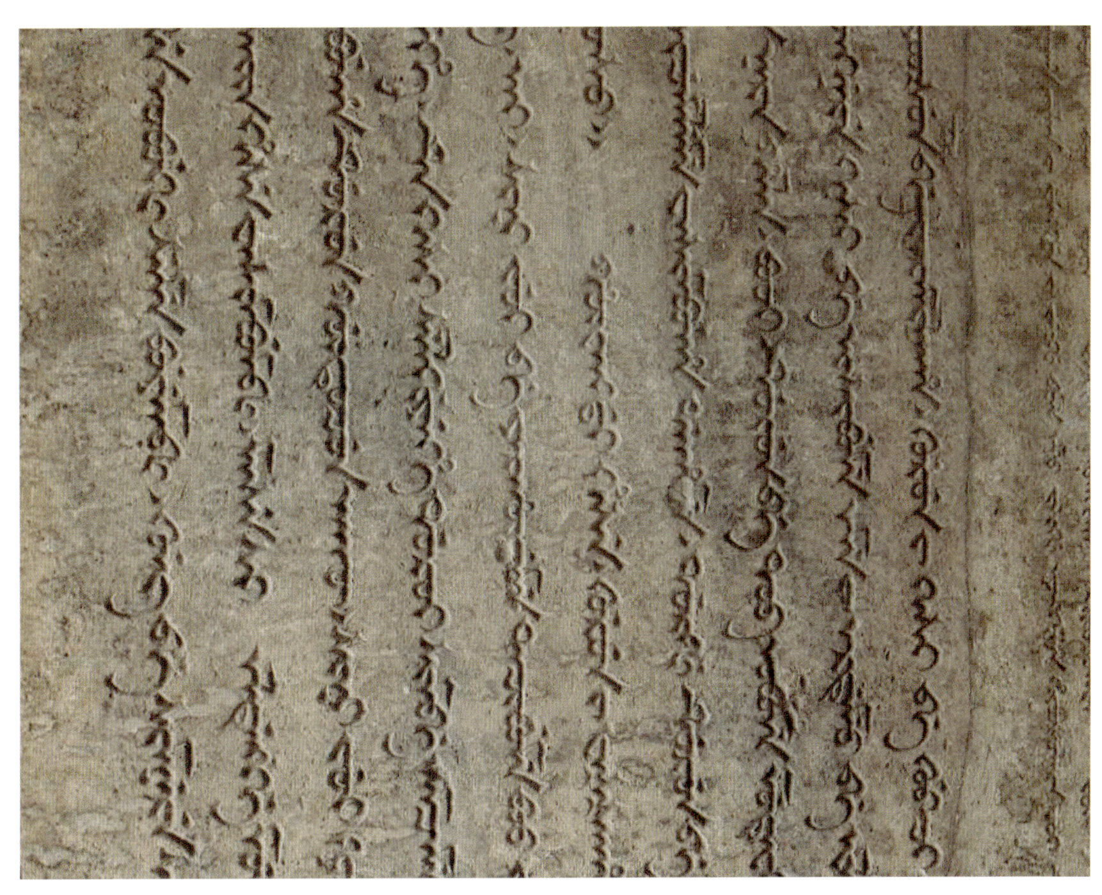
碑阴碑身局部（三）

碑阴碑身局部（四）

71. 皇清诰封光禄大夫海色偕妻诰封一品夫人那氏神道碑

海色及妻那氏神道碑 满汉文合璧，康熙三十二年（1693）立。原址在北京市朝阳区洼里乡龙王堂村，今立于奥林匹克公园。

碑额

额题　汉文"海公神道碑"。

拓片　选自《拓本汇编》。

碑身

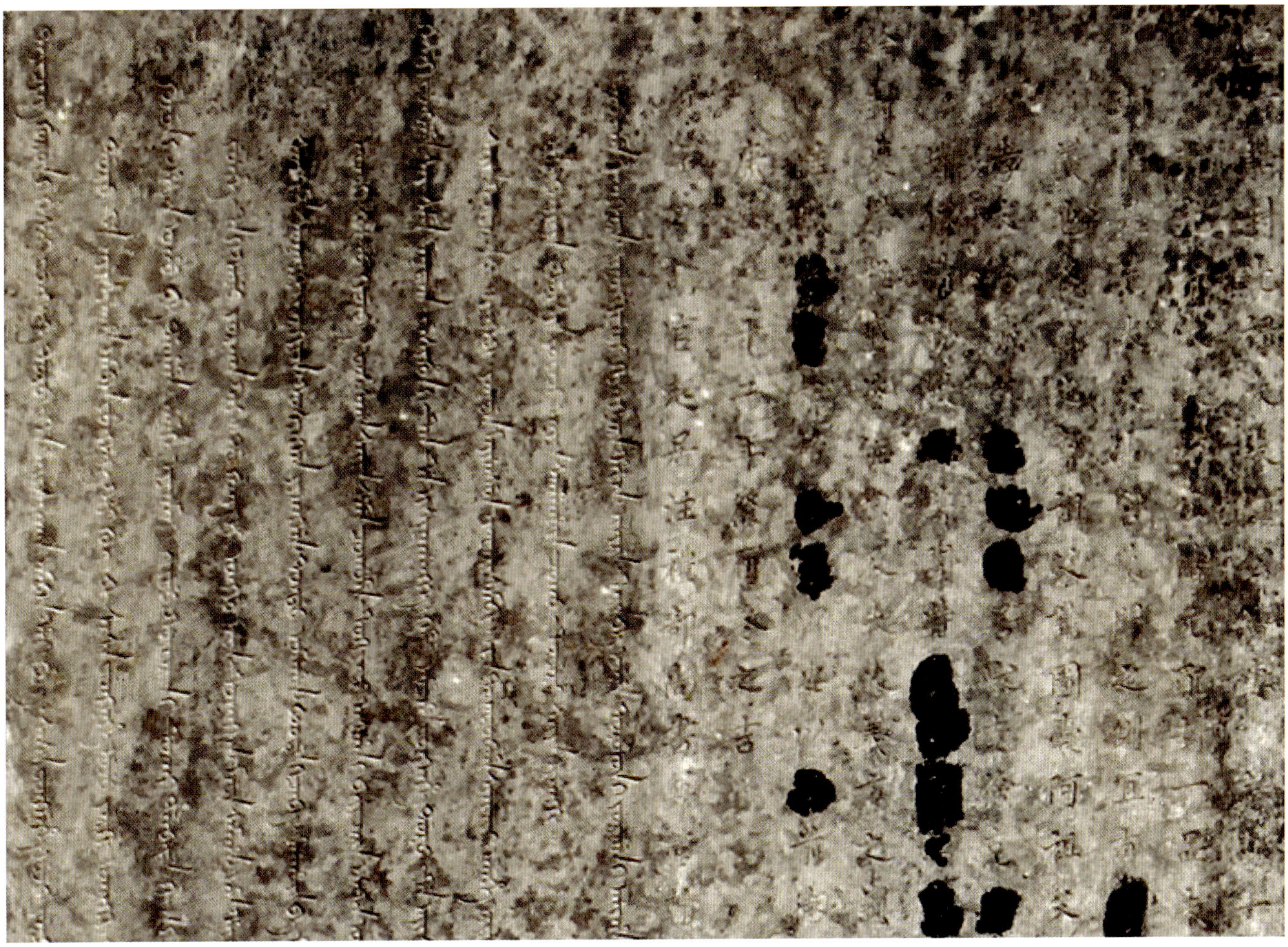

碑身局部（一）

碑身局部（二）

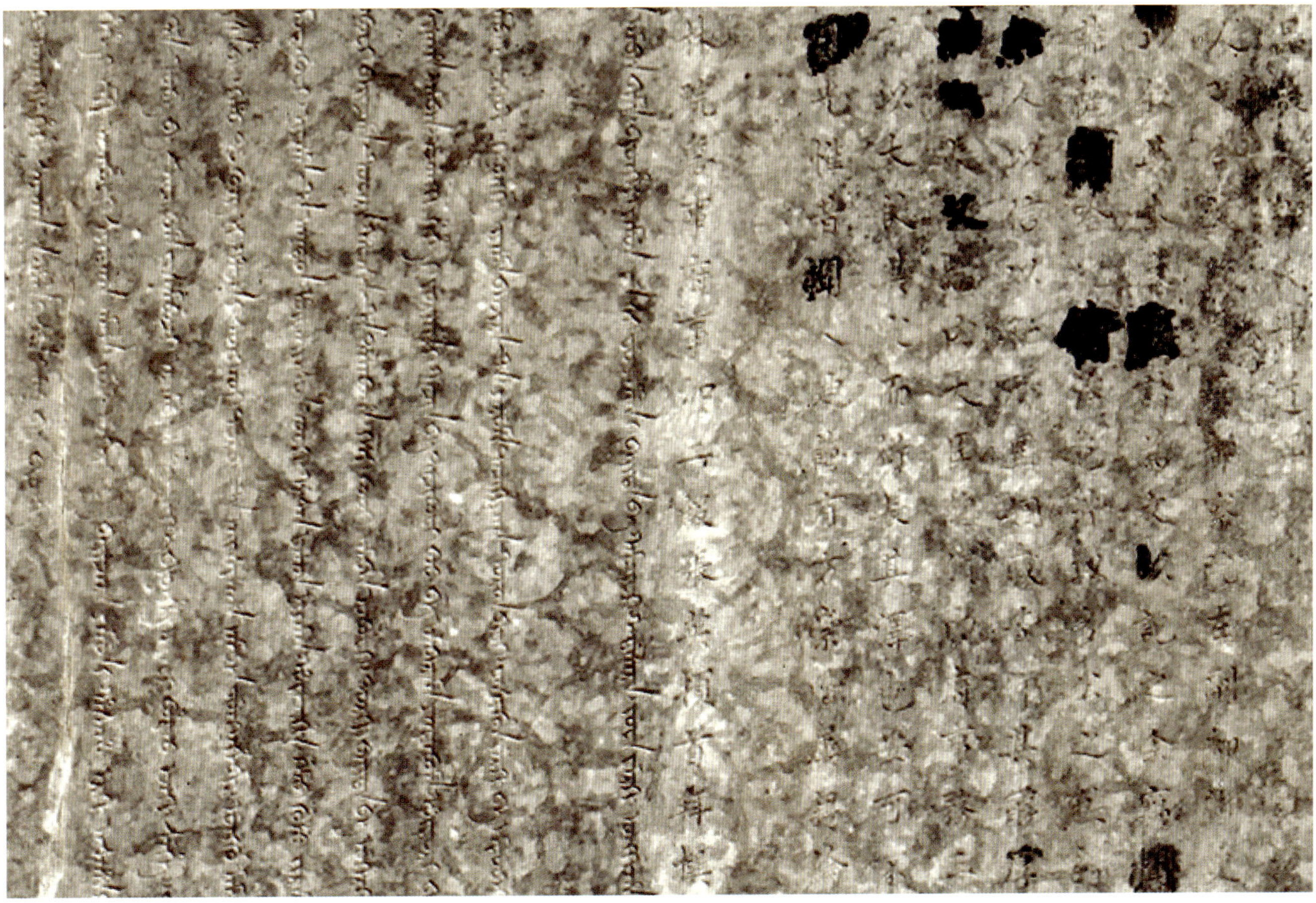

72. 赠户部尚书海望之父留住祖父多弼曾祖父海色为光禄大夫封母赵氏赠祖母赵氏继祖母夫刹氏曾祖母那氏继曾祖母查鲁忒氏为一品夫人诰封碑

海望上三代　乌雅氏。三代即父留住、祖父多弼、曾祖父海色。乾隆十一年（1746），以覃恩赠父为光禄大夫、内大臣、户部尚书兼内务府总管，封母赵氏为一品夫人；赠祖父为光禄大夫、内大臣、户部尚书兼内务府总管，赠祖母赵氏、继祖母夫刹氏为一品夫人；赠曾祖父为光禄大夫、内大臣、户部尚书兼内务府总管，赠曾祖母那氏、继曾祖母查鲁忒氏为一品夫人。

海望上三代诰封碑　满汉文合璧，乾隆十一年（1746）。原址在北京市朝阳区洼里乡龙王堂村，今立于奥林匹克公园。

碑额

额题　汉文"恩纶宠锡"。

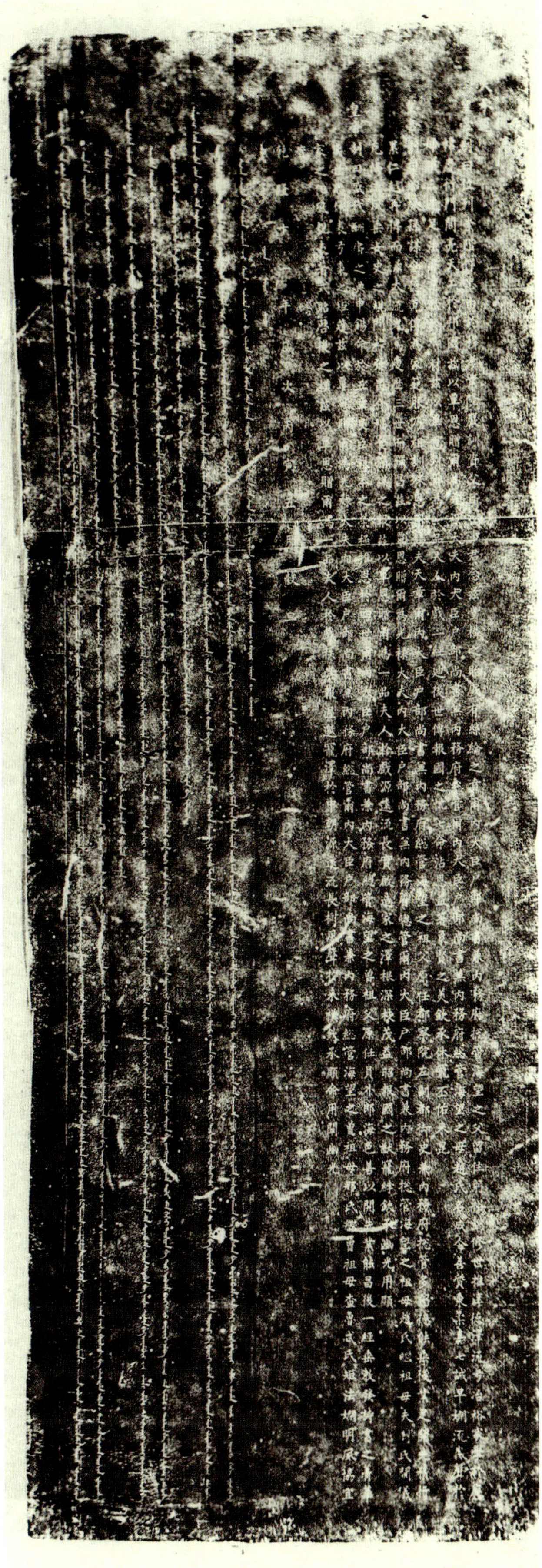

拓片　选自《拓本汇编》。

碑身

碑身局部

73. 皇清诰赠光禄大夫内大臣户部尚书兼内务府总管留住诰封一品夫人觉罗氏太夫人墓表碑

留柱　乌雅氏，满洲正黄旗。海望之父，诰赠为光禄大夫、内大臣、户部尚书兼内务府总管；其妻封为一品夫人。

留住及妻觉罗氏墓表碑　满汉文合璧，乾隆十一年（1746）敬表。原址在北京市朝阳区洼里乡龙王堂村，今立于奥林匹克公园。

额题 汉文“世代恩荣”。

碑额

碑身局部

74. 加赠太保原任协办大学士户部尚书一等武毅谋勇公兆惠墓碑

兆惠　吴雅氏，字和甫，满洲正黄旗。康熙四十七年（1708），出生。雍正九年（1731），始任笔帖式，后任内阁中书、内阁侍读。乾隆初，历任兵部郎中、内阁学士、盛京刑部侍郎、满洲副都统、护军统领、户部侍郎、驻藏大臣等职。二十一年（1756），授定边右副将军，率军消灭准噶尔部叛军残余，其后升任定边将军。二十三年，所部追击霍集占叛军至叶尔羌城东黑水河。次年，彻底消灭叛军残余，晋封武毅谋勇一等公。二十五年，奉命回师。乾隆帝命在良乡城南筑坛并亲自前往行郊劳礼。兆惠率从征将士凯旋，觐谒如仪，乾隆帝抚劳。礼成后，随驾还京。二十六年，任协办大学士兼刑部尚书，加太子太保。二十九年，去世，时年五十七岁，谥号“文襄”。

兆惠墓碑　满汉文合璧，乾隆二十九年（1764）立。原址在北京市关西庄村，今立于奥林匹克公园。

碑身

碑身局部（一）

碑身局部（二）

碑身局部（三）

碑身局部（四）

碑额

额题 满汉文“恩赐”。

兆惠画像 选自《清史图典·乾隆朝》。

碑座

碑身侧面

墓地华表

75. 乾隆帝郊劳出征将军兆惠富德及诸将士礼成纪事御笔诗碑

乾隆帝郊劳出征将军兆惠等礼成纪事御笔诗碑 碑阳满汉文合璧，碑阴蒙古文回文合璧，漫漶严重，难以识别。乾隆二十五年（1760）立。今立于北京市房山区大南关村。

《平定伊犁回部战图册·效劳将士》图　选自《清史图典·乾隆朝》。

碑亭

碑身

印章

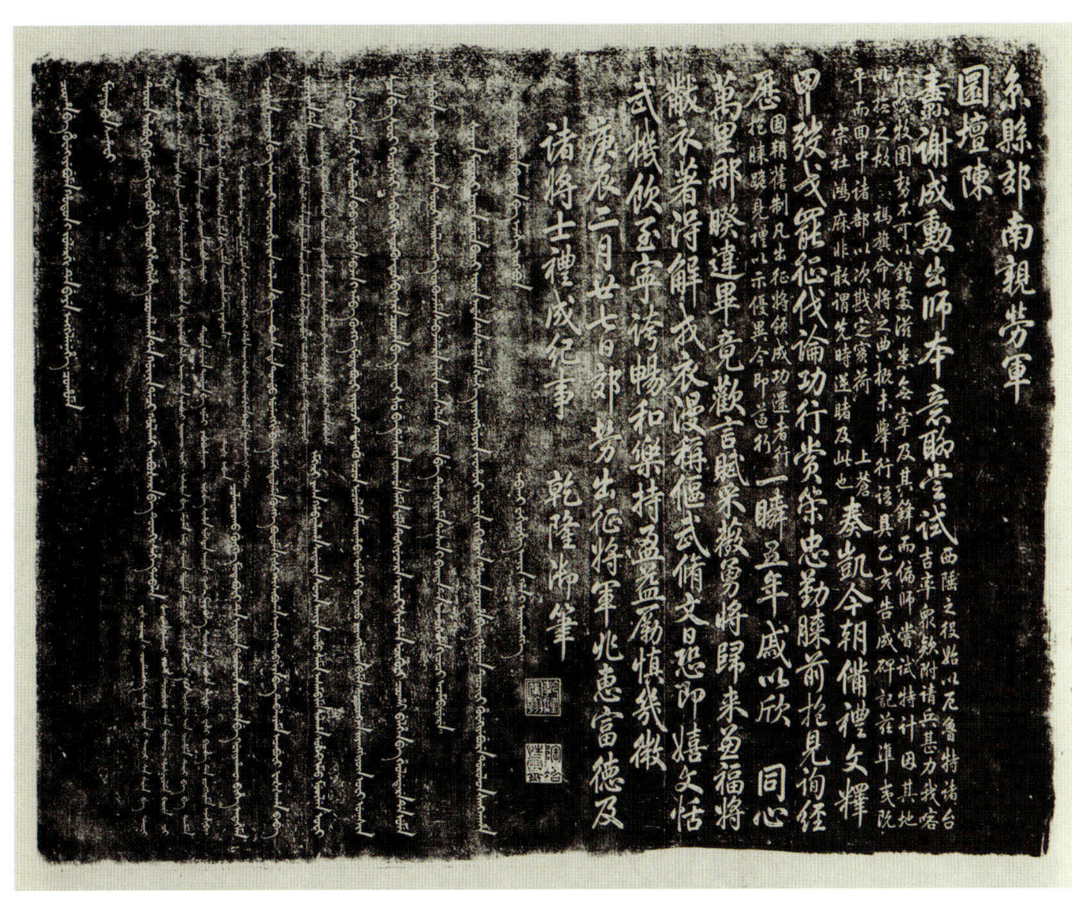

拓片 选自《拓本汇编》。

碑阴拓片 选自《拓本汇编》。

76. 镶红旗护军参领鄂苏墓碑

鄂苏　康熙初年，曾任镶红旗护军参领。康熙十三年（1674）立墓碑。

鄂苏墓碑　汉文，康熙十三年（1674）立。今立于北京市丰台区田各庄。

碑额 额题汉文“皇清”。

拓片 选自《拓本汇编》。

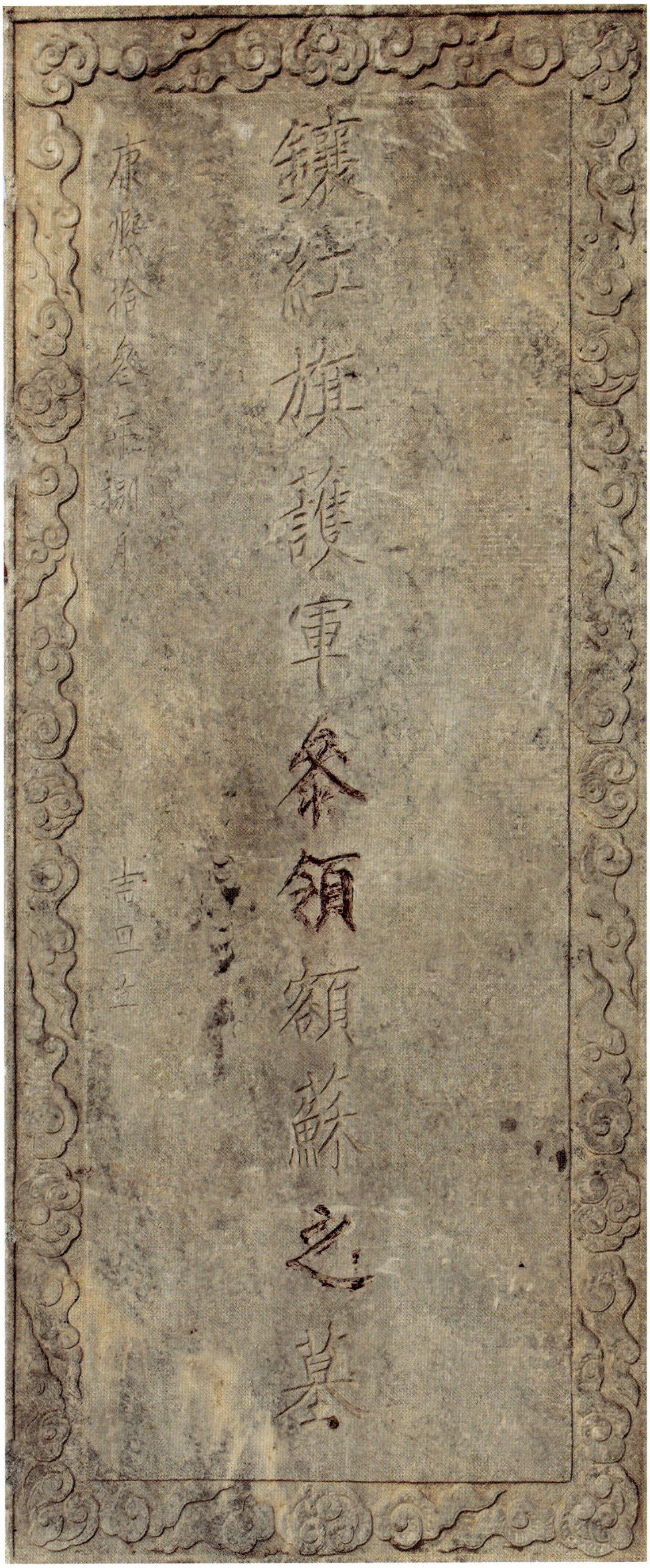

碑身

77. 特授包衣佐领穆哈达为通议大夫赠嫡妻王秦氏封继妻宜尔根觉罗氏为淑人诰封碑（碑阴为墓碑）

穆哈达　满洲镶蓝旗包衣第一参领第三佐领。万历三十三年（1605），生出。天聪元年（1627），朝鲜之役带伤立功。围锦州、攻遵化及沙河之战奋勇直前，破敌取胜。顺治年间，从和硕豫亲王追滕金之时，率本佐领兵击败途中相遇的喀尔喀兵。因立军功，授包衣佐领加二级，进阶通议大夫，追赠三代。康熙十一年（1672），病故，享年六十八岁。

穆哈达及妻诰封碑（右） 满汉文合璧，康熙十四年（1675）立。诰封文为顺治十四年（1657）制。原址在北京市宣武区广安门外马连道东街，今存北京石刻艺术博物馆。

碑额 额题难以辨认。

碑阴碑额 额题难以辨认。

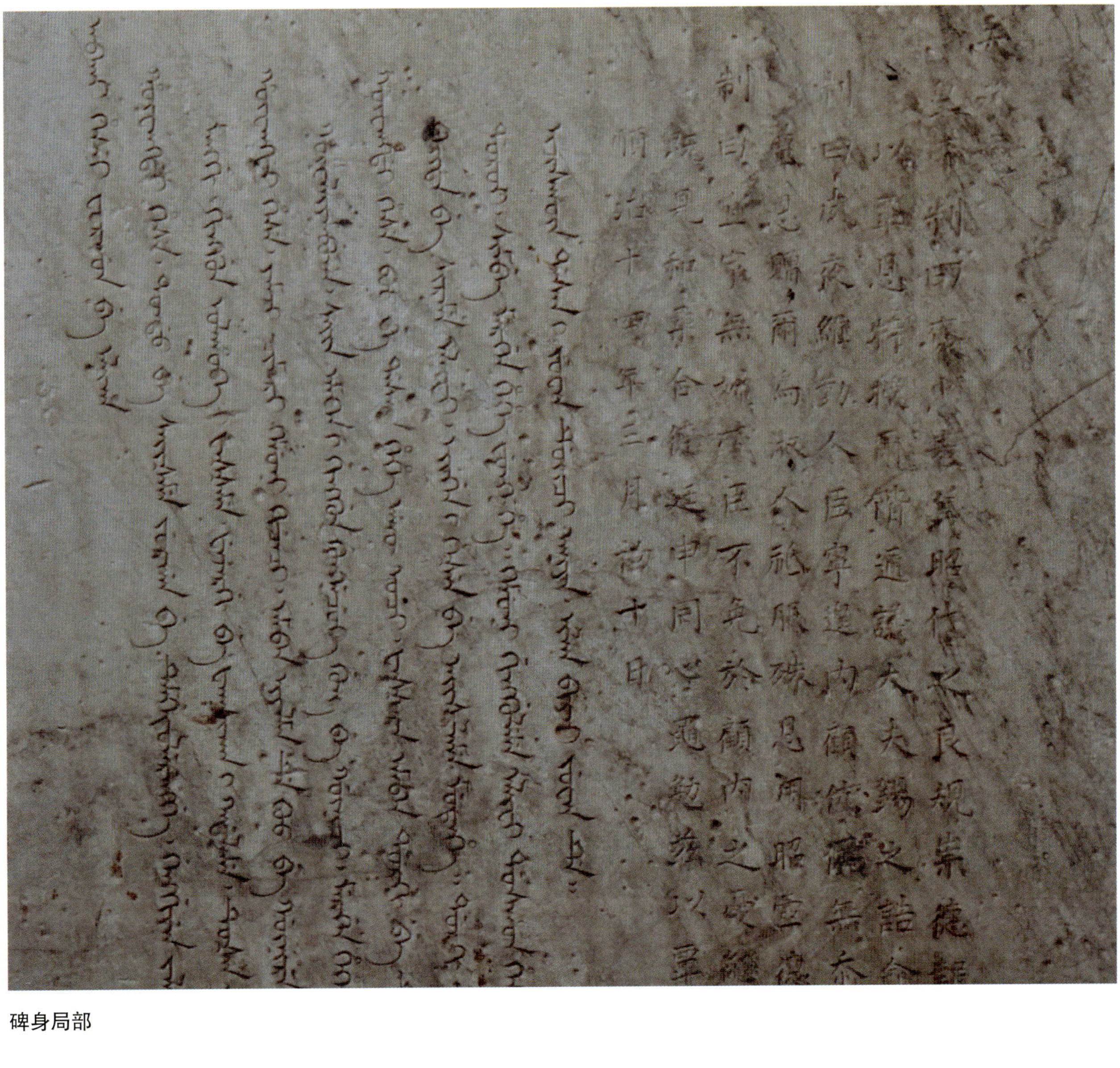

碑身局部

碑身

碑阴碑身　碑文难以辨认。

78. 大清国敕封光禄大夫镇守陕西西安等处地方将军三等精奇尼哈番傅夸蝉墓碑

傅夸蝉　亦写作傅喀蟾、富喀禅，那木都鲁氏，满洲镶红旗。生于万历三十五年（1607）。绰和诺兄翁格尼之子。皇太极时期，初任壮尼大，从征大凌河，勇猛陷阵。天聪八年（1634），攻大同等地均有战功，代父为佐领，袭一等阿达哈哈番世职。崇德三年（1638），授工部理事官兼参领。顺治三年（1646），升任西安驻防总管。七年，晋一等阿思哈尼哈番世职。康熙帝即位改任西安将军。康熙七年（1668），晋升世职三等精奇尼哈番；同年，因病卸任。八年（1669），去世，享年六十三岁。

傅夸蝉墓碑　碑阳汉文，碑阴满文，康熙十四年（1675）立。原址在北京市海淀区南高庄村，今存北京石刻艺术博物馆。

碑阴碑额

碑阴额题 满汉文“敕封”。

碑座

拓片 选自《拓本汇编》。

碑身局部（一）

碑身局部（二）

碑身局部（三）

碑身局部（四）

碑阴碑身　满文。

79. 皇清诰赠通议大夫佐领家沙喇妻淑人吴渣喇氏墓碑

家沙喇　诰赠通议大夫、佐领加一级，赠其妻吴渣喇氏为淑人。康熙十六年（1677），其后人以诰命中追赠的封号刻于碑上。

家沙喇及妻吴渣喇氏墓碑　满汉文合璧，康熙十六年（1677）立。原址在辽宁省沈阳市于洪区马三家子镇，今存沈阳市法轮寺碑林。

碑身拓片 选自《沈阳碑志》。

碑额

额题 满汉文“诰封”。

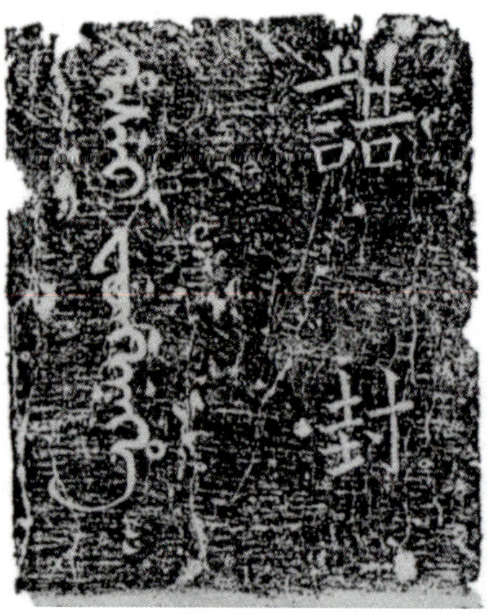

额题拓片 选自《沈阳碑志》。

碑身局部（上）

碑身局部（下）

80. 赠东京拜他喇布勒哈番品级穆清格之父贾努为中宪大夫母佟佳氏为恭人敕封碑

贾努　亦写作渣努，乌苏氏，满洲正蓝旗。为辽阳乌苏氏八世祖，穆清格之父。在康熙十六年（1677）所立的《贾努及妻佟佳氏敕封碑》中记载，穆清格初任东京（今辽宁省辽阳市东京陵乡）地方管牛录、世职拜他喇布勒哈番加一级。父因子贵，贾努获赠通议大夫（应为中宪大夫）、拜他喇布勒哈番加一级，并赐予诰命；赠穆清格母佟佳氏为淑人（应为恭人）。后穆清格升任山海关三品战城守尉，随之赠其父通议大夫、山海关三品城守尉，赐之诰命；赠其母为淑人。

贾努及妻佟佳氏敕封碑　碑阳汉文，碑阴满文，康熙十六年（1677）立。原址在辽宁省辽阳市弓长岭汤河东岸红穆村山上，今存辽阳市博物馆。

碑额

额题 汉文“敕封诰命”。

碑身

碑阴碑额

碑阴额题　满文，汉译“敕封诰命”。

碑阴碑身

81. 赠山海关三品城守尉穆清格之父渣努为通议大夫母佟佳氏为淑人诰封碑

渣努奉天诰命碑　碑阳汉文，碑阴满文，康熙二十七年（1688）立。原址在辽宁省辽阳市弓长岭汤河东岸红穆村山上，今存辽阳市博物馆。

碑额

额题　汉文“奉天诰命”。

碑身

碑阴碑额

碑阴额题 满文，汉译“奉天诰命”。

碑阴碑身

82. 赠山海关三品城守尉穆清格之父渣努为通议大夫母佟佳氏为淑人满文诰封碑（乌苏氏茔园）

乌苏氏茔园渣努及妻佟佳氏诰封碑 满文，康熙二十七年（1688）立。碑文与康熙二十七年（1688）所立的《渣努及妻佟佳氏诰封碑》的碑文相同。朝地面碑文不详。今平卧于辽宁省辽阳市弓长岭汤河东岸红穆林山上。

碑座

碑身

碑身局部（上）

碑身局部（中）

碑身局部（下）

83. 原任山海关三品城守尉穆清格初设乌苏氏茔园祭田碑

穆清格　乌苏氏，满洲正蓝旗。其曾祖父楞柱，世居海兰地方，后归附努尔哈赤。其父渣努为辽阳乌苏氏八世祖。穆清格初任管牛录，东京拜他喇布勒哈番品级加一级，其后升任山海关三品城守尉。康熙十六年（1677），九世祖穆清格、富岱、巴尔柱等，以渣努为西茔园之祖，设立茔园，备立祭田。嘉庆十七年（1812），为防止因年代久远，祭田无凭，曾孙沙丙阿等特补立祭田碑，以使子孙世代勿忘。

穆清格初设乌苏氏茔园祭田碑　汉文，嘉庆十七年（1812）立。辽宁省辽阳市弓长岭汤河东岸红穆村山上。

碑身

碑阴碑身

84. 康熙帝钦赐镇守宁古塔等处将军巴海旌绩御笔诗碑（碑阴为巴海诰封碑）

巴海　瓜尔佳氏，满洲镶蓝旗。其先祖为苏完部人，世居虎尔哈。沙尔虎达长子。顺治年间赐进士及第。初任和硕郑亲王教习兼佐领，后官至秘书院侍读学士。顺治十六年（1659），袭一等甲喇章京世职，任宁古塔总管。十七年，率师至黑龙江、松花江交汇处，伏击入侵的沙俄军队，获胜，因功加一拖沙喇哈番。康熙元年（1662），改任宁古塔将军。期间安置边外墨尔哲氏等于宁古塔近地，编为四十佐领，号为新满洲。十三年，率诸佐领进京觐见康熙帝。十七年，因能安抚新满洲有功，授予一等阿达哈哈番兼拖沙喇哈番。二十二年，因奏报田禾歉收不实，撤其将军职务，降为三等阿达哈哈番。二十三年，授蒙古镶蓝旗都统，列议政大臣。三十五年，去世，赐祭葬如例。

康熙帝钦赐巴海御笔诗碑　满汉文合璧，康熙十七年（1678）御书。原址在北京市丰台区于庄子，今存丰台区连山岗石刻园。

额题 满汉文“钦赐”。

碑额

碑身局部

碑身

碑阴碑身局部 满汉文合璧，康熙十七年（1678）制。

碑阴碑身局部拓片 选自《丰台区石刻文物图录》。

碑阴

85. 皇清诰封光禄大夫原任镇守宁古塔等处将军议政大臣都统阿达哈哈番佐领巴海御祭碑（碑阴诰封碑）

巴海御（谕）祭碑 满汉文合璧，康熙三十六年（1697）立。原址在北京市丰台区周庄子村，今移至丰台区连山岗石刻园。

碑额

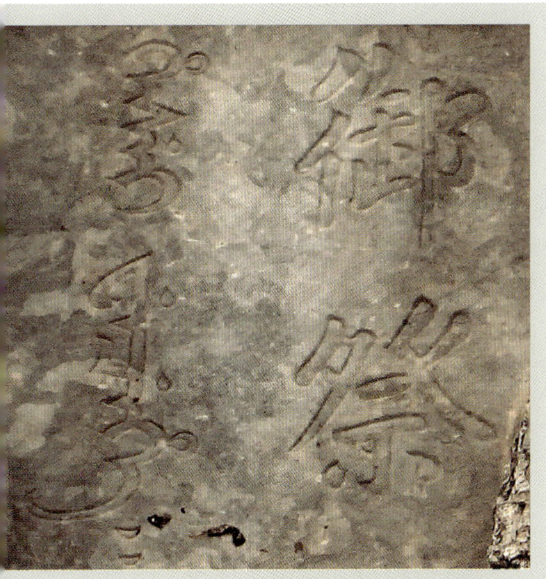

额题　满汉文“御祭”。

碑阴碑额　额题难以辨认。

碑身

碑阴碑身局部（一）

碑阴碑身局部（二）

碑阴碑身局部（三）

碑阴碑身局部（四）

86. 皇清诰赠光禄大夫盛京礼部侍郎三等阿达哈哈番塔尔禅墓碑（碑阴为诰封碑）

塔尔禅　满洲正红旗。盛京礼部侍郎、三等阿达哈哈番加一级哈尔松安之父。康熙八年（1669），哈尔松安始任盛京礼部侍郎。父因子贵，特以覃恩赠塔尔禅为光禄大夫、盛京礼部侍郎、三等阿达哈哈番加一级，赐予诰命；哈尔松安生母纳喇氏、继母马佳氏俱赠一品夫人。

塔尔禅墓碑　满汉文合璧，康熙十七年（1678）立。原址在北京市丰台区三路居附近村内，今立于丰台区凤凰嘴金中都遗址公园内。

碑身

碑阴碑身

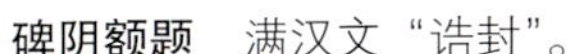

碑阴额题　满汉文“诰封”。

碑阴碑额

碑阴碑身局部

87. 光禄大夫太子少师前锋统领三等阿达哈哈番佐领胡里布诰封碑

胡理布　亦写作瑚里布，赫舍里氏，满洲正红旗。世居和多穆哈连，父吴巴海归附努尔哈赤，授牛录额真世职，胡里布承袭。天聪五年（1631），升任一等侍卫、前锋参领。多次出征，屡有战绩。顺治二年（1645），追击李自成至九宫山，五战皆捷，授世职拖沙喇哈番。其后，以从征四川、湖南、贵州、广西，镇压抗清农民军及明残余势力，立有"战功"，晋世职三等阿达哈哈番。十年，晋升为满洲正红旗副都统、右翼前锋统领。康熙十二年（1673），加太子少师，又参与平定吴三桂叛乱。十六年，卒于军中。子刚元袭世职。

胡理布诰封碑　碑阳汉文，碑阴满文，康熙十八年（1679）立。原址在北京市海淀区大钟寺小泥湾村，今存北京石刻艺术博物馆。

碑身局部（一）

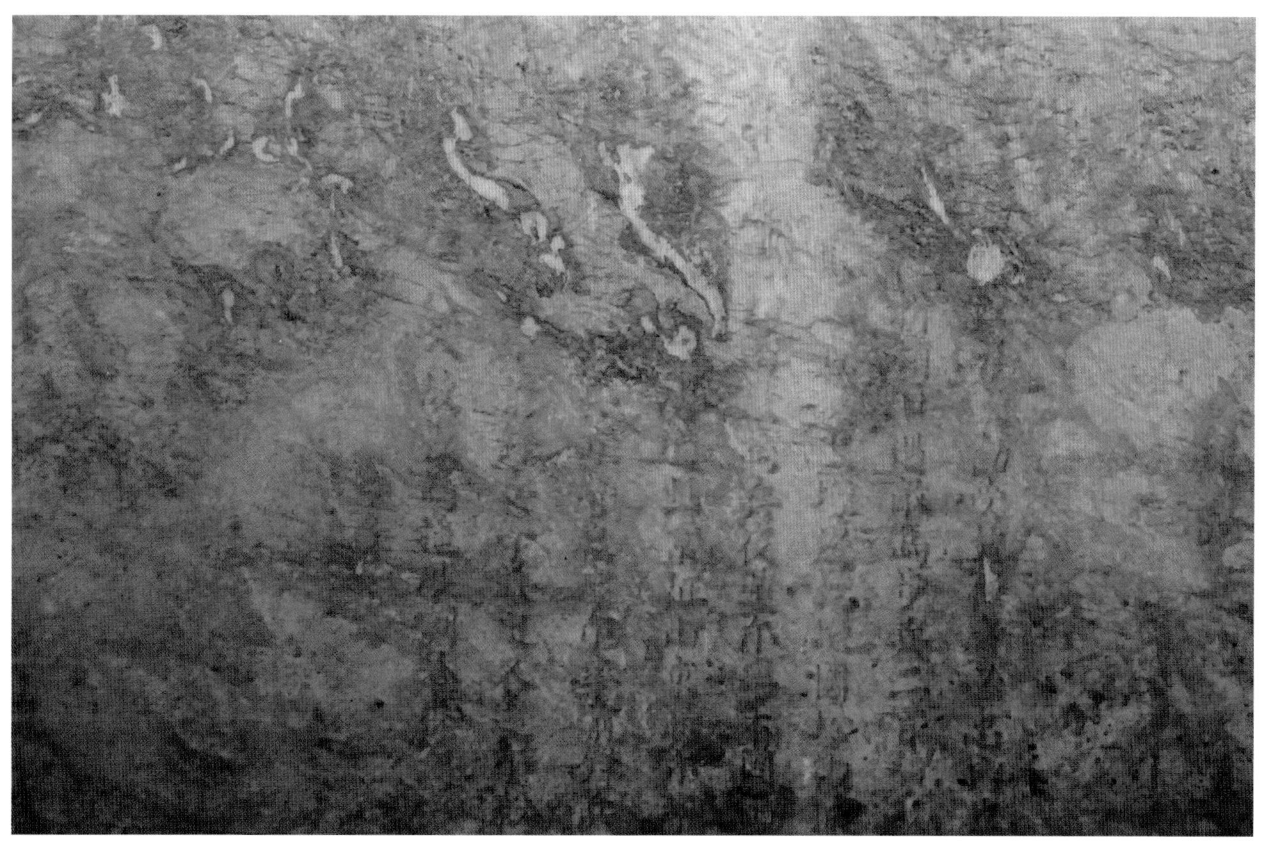

碑身局部（二）

碑额

额题 汉文“诰封”。

拓片 选自《拓本汇编》。

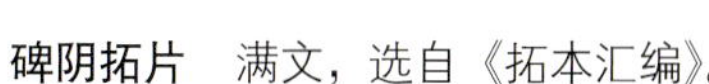

碑阴拓片　满文，选自《拓本汇编》。

碑阴

88. 乳公二等阿达哈哈番满笃里墓碑

满笃里　亦写作满都里，瓜尔佳氏，满洲镶黄旗。世居讷殷江地方。皇太极时期，以包衣巴牙喇参与征朝鲜、松锦等战事。因其妻佑圣夫人李嘉氏哺养顺治帝有功，授三等甲喇章京世职。顺治九年（1652），出包衣，在守护孝陵中尽职尽责，累加世职至二等阿达哈哈番，升任内大臣。康熙十八年（1679），病故，谥号“良僖”。

满笃理墓碑　满汉文合璧，康熙十八年（1679）立。今立于河北省遵化市马兰峪河东村北园子。

碑身

碑额

额题 满汉文“敕建”。

碑座

满笃理（右）与佑圣夫人（左）墓碑

89. 二等达哈哈番满笃里妻御赐佑圣夫人墓碑

佑圣夫人　李嘉氏，满笃里之妻。顺治帝幼年时即由她来哺养，备受孝庄皇太后信赖。顺治十七年（1660），佑圣夫人辞世。顺治帝晓谕礼部“追封恩恤”。然而十二天之后他也离世而去。康熙六十年（1721），其子喀都里借康熙帝来谒父陵时，才叩请加恩；后被封为“佑圣夫人”，并特颁祭奠。次年，撰文立碑。

佑圣夫人墓碑　满汉文合璧，康熙六十一年（1722）立。今立于河北省遵化市马兰峪河东村北园子，在其夫丈满笃理墓碑左侧。

碑身

额题　满汉文“敕建”。

碑座

碑额

御賜佑聖夫人碑文

國家念舊之典雖既遠而不遺

聖躬敬慎無忽温良懋著生既膺夫異數

皇考世祖章皇帝之保母也暑寒靡間日

歷久而加渥昨者躬謁

園陵方深瞻慕爾子額請彌切軫懷乃肇

之光慶且延於来葉俾永厥世毋忘

康熙陸拾壹年貳月貳拾壹日建立

碑身局部

90. 特授护军参领兼拖沙喇哈番赛必汉为通议大夫诰封碑

赛必汉　完颜氏，满洲正白旗。长白山人，世居瑚普查地方。其祖父阿尔布哈归附努尔哈赤，为正白旗包衣管领下人。以护军校出征大卤地方，参加平定察哈尔布尔尼叛乱。因平叛有功，授拖沙喇哈番，升任护军参领。赛必汉深娴武略，所统护军骑士，纪律严明。以覃恩特授通议大夫，赐予诰命。康熙二十年（1681），其后人将此诰命勒石立碑。

赛必汉诰封碑　满汉文合璧，康熙二十年（1681）立。原址在北京市朝阳门外八里庄，今立于朝阳区四惠交通枢纽站南墙外。

奉
天承運
皇帝制曰王帳設兵特重鷹揚之選金符領衆寔宣虎旅之威爰沛恩綸式貽懋績爾護軍參領兼
拖沙喇哈番賽必漢素習戎韜深嫻武略掌羽林之騎士紀律精嚴典薊鎮之禁軍簡稽劬恪惟
長城之是寄實保障之攸宜屢與新頒敕章用錫兹以覃恩特授爾階通議大夫錫之誥命於
戲國恩沾被益彰簡閱之成勞益職靖共勉副寵綏之至意丕予夫烈勵爾壯猷
康熙二十年十二月二十四日立

碑身

碑额

额题 满汉文“诰封”。

碑座

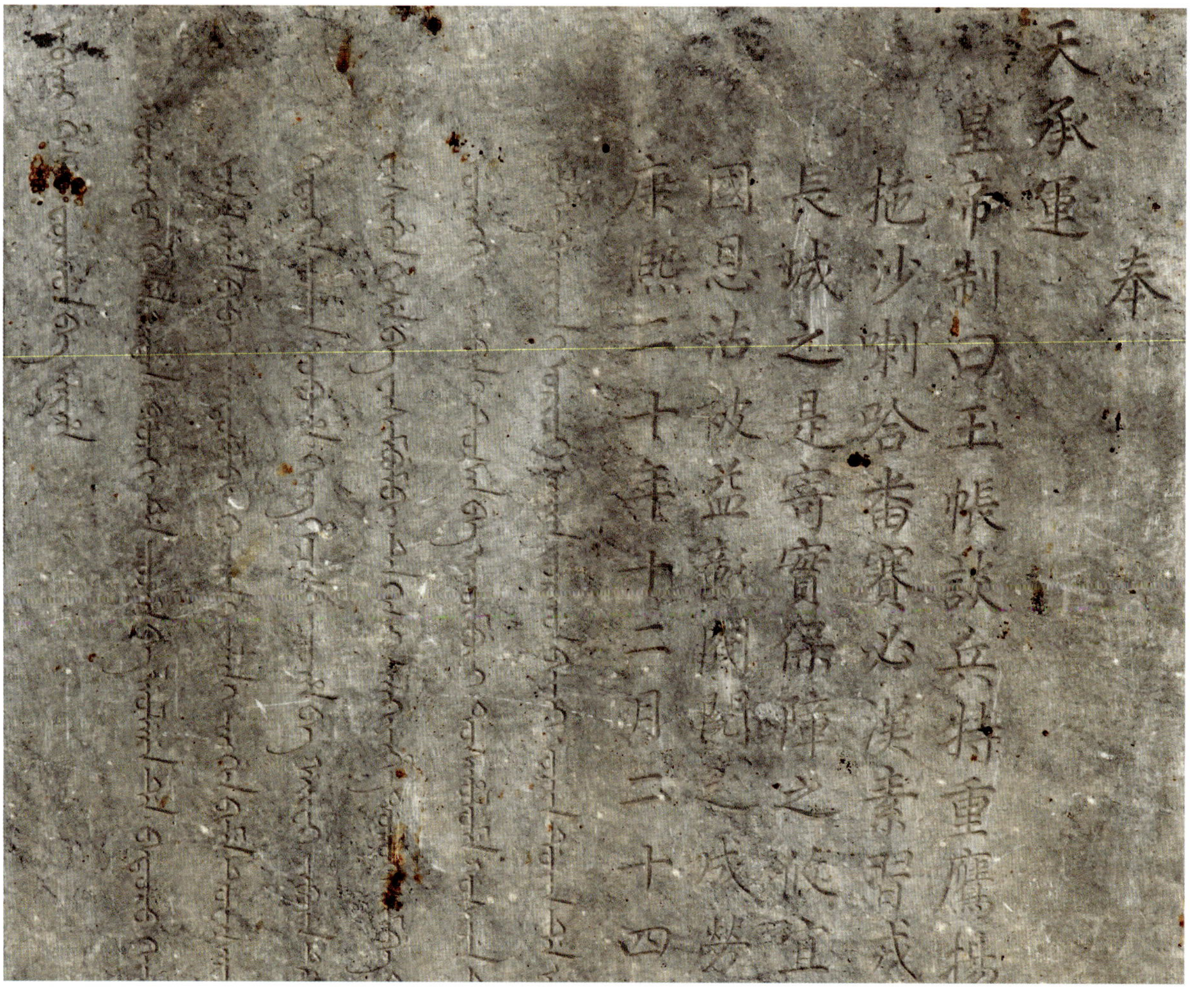

碑身局部（上）

碑身局部（中）

碑身局部（下）

91. 赠一等侍卫保德祖父洪库父傅喀为资政大夫祖母赵佳氏母杨氏为夫人诰封碑

保德　完颜氏，满洲正白旗。长白山人，世居瑚普查地方。祖父洪库曾为骁骑，父傅喀曾任苏州织造副使。赛必汗祖父阿尔布哈为保德曾祖。赛必汗与保德乃完颜氏家族叔侄关系。保德初任侍卫，因谨慎勤劳晋升二等侍卫。康熙三十五年（1696），从征，奋勉前驱，升为一等侍卫。雍正元年（1723），兼养心殿总管，督理圆明园工程事务兼总管。二年，任协理崇文门税课副使。三年，升任管理崇文门税课正使。乾隆二年（1737）去世，享年六十三岁。奉旨赏给内务府总管职衔。父以子贵，分别赠保德祖父洪库、父傅喀为资政大夫，赐予诰命；赠祖母赵佳氏、母杨氏为夫人。

保德祖父母父母诰封碑　满汉文合璧，雍正十三年（1735）立。原址在北京市朝阳门外八里庄，今立于朝阳区四惠交通枢纽站南墙外。

碑额

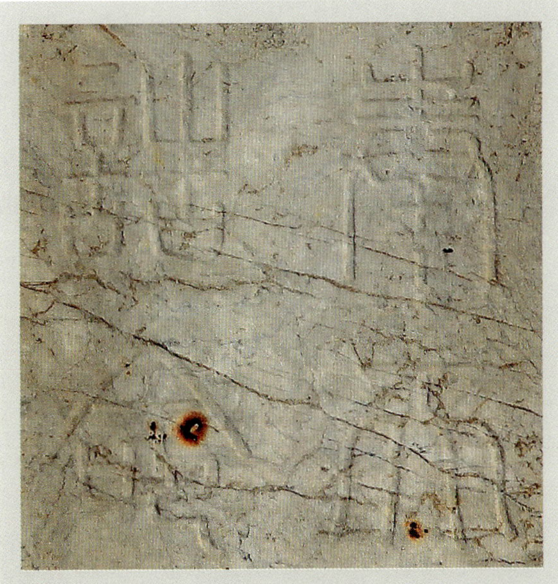

额题 汉文“奉天诰命”。

碑座

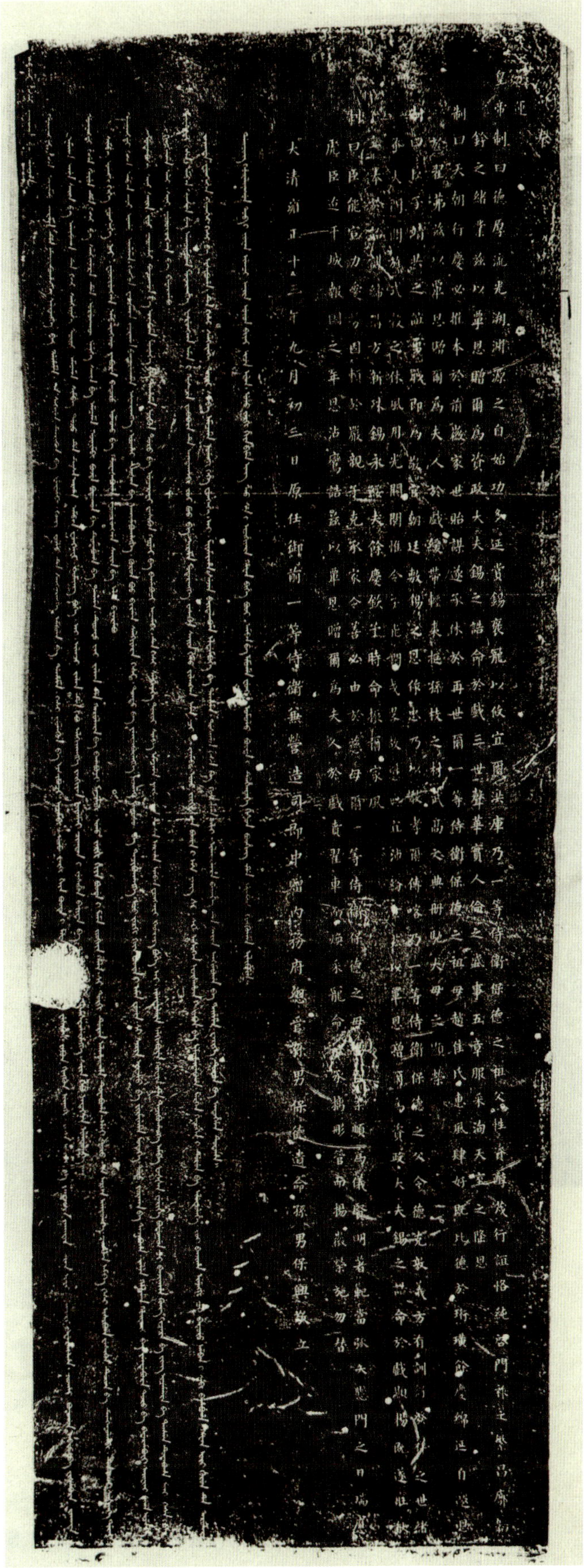

拓片 选自《拓本汇编》。

碑身局部（上）

碑身局部（中）

碑身局部（下）

赛必汉诰封碑（右）与保德祖父母父母诰封碑（左）

92. 赠副都统头等阿达哈哈番佐领苏虎儿之父苏尔兖衣为光禄大夫诰封碑

苏尔兖衣　其子苏虎儿曾任副都统、一等阿达哈哈番加一级兼佐领。父因子贵，以覃恩赠光禄大夫、副都统、一等阿达哈哈番加一级兼佐领，赐予诰命。康熙二十一年（1682），勒石立碑。

苏尔兖衣诰封碑　满汉文合璧，康熙二十一年（1682）立。原址在北京市朝阳区劲松农光东里，今立于奥林匹克公园。

碑身

碑额

额题 满汉文“诰命”。

碑身局部

93. 太子太傅都统三等公议政大臣吏部尚书中和殿大学士佐领赠少保仍兼太子太傅图海墓碑（碑阴为谕祭碑）

图海　马佳氏，满洲正黄旗。曾祖瑚石，世居绥芬地方，后归附努尔哈赤。祖父噶哈纳，父穆哈达。初任笔帖式。顺治二年（1645），任国史院侍读。八年，任秘书院学士。九年，授拜他喇布勒哈番，升任弘文院大学士、议政大臣。十二年，加太子太保，任刑部尚书。康熙帝即位，任满洲正黄旗都统。二年（1663），命为定西将军。六年，复为弘文院大学士，晋一等阿达哈哈番；又任纂修《世祖章皇帝实录》总裁。九年，改中和殿大学士兼礼部尚书。十二年，吴三桂反，任户部尚书，筹理饷运。十四年，察哈尔布尔尼叛乱，奉命为副将军，同抚远大将军鄂礼率师出征；获胜回师，康熙帝亲往南苑迎接，以功晋一等阿思哈尼哈番。十五年，以抚远大将军招王辅臣降，晋三等公，世袭罔替。十八年，率师定四川。二十年七月，因病回京；十二月，去世，谥号“文襄”。二十一年，追赠少保，仍兼太子太傅。二十二年，御制碑文。子诺敏袭爵。

图海墓碑　满汉文合璧，康熙二十二年（1683）立。原址在北京市朝阳区关西庄村南，今存奥林匹克公园。

碑身局部（一）

碑身局部（二）

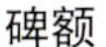

碑额

额题 汉文“御制碑文”。

印章 碑身上端中间刻有满汉文“广运之宝”四字的康熙帝印章。

碑身局部（三）

碑身

碑阴碑身

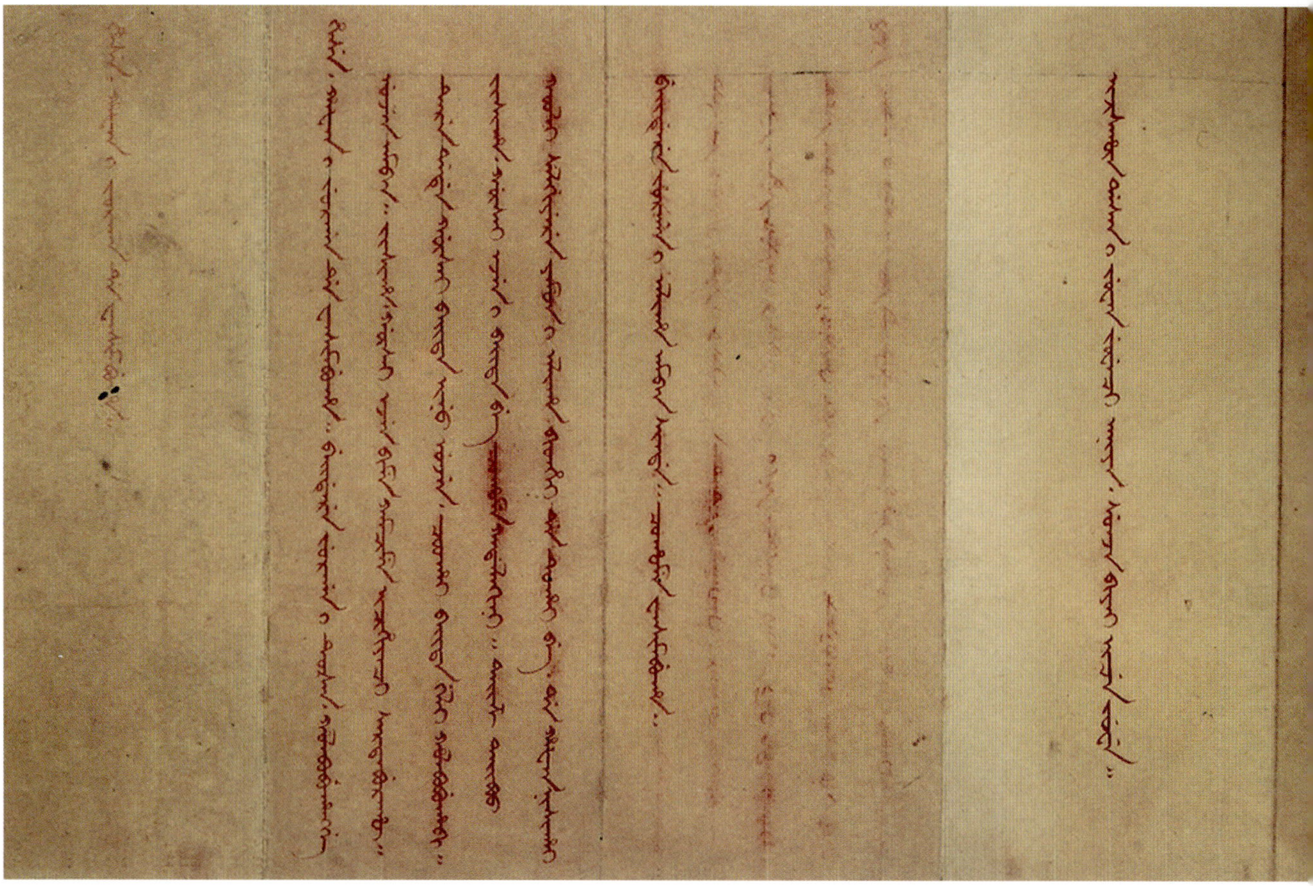

图海为刑部尚书谕　顺治十二年五月初二日任命。选自《中国国家博物馆馆藏文物研究丛书·明清档案卷·清代》。

碑阴碑身局部（一）

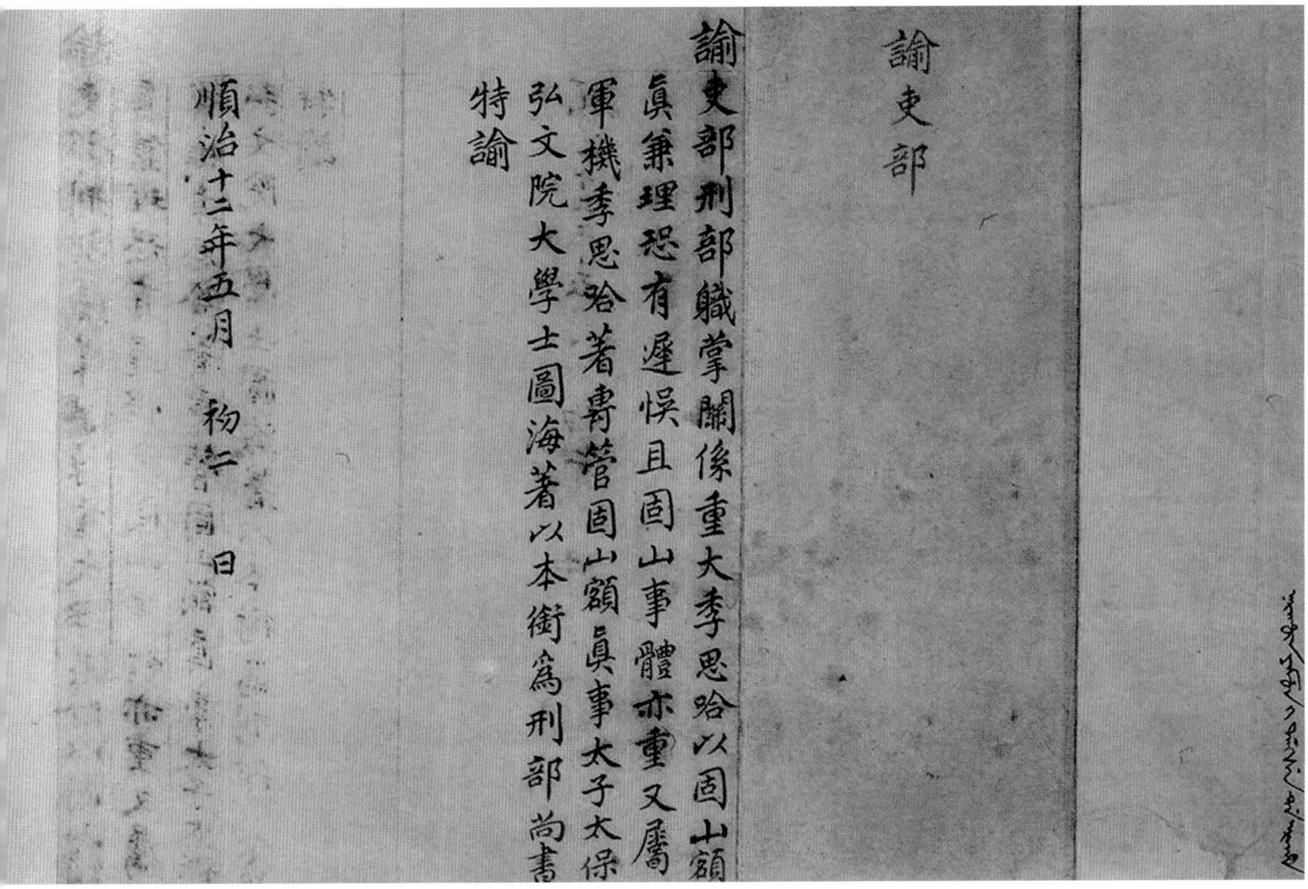

諭吏部

諭吏部刑部職掌關係重大李思哈以固山額
眞兼理恐有遲悞且固山事體亦重又屬
軍機李思哈著專管固山額眞事太子太保
弘文院大學士圖海著以本衙爲刑部尚書
特諭

順治十二年五月　初二　日

碑阴碑身局部（二）

碑阴碑额

碑阴额题　满汉文“御祭”。

图海家族墓碑全景

94. 特授太子太傅都统吏部尚书中和殿大学士一等阿思哈尼哈番管佐领图海为光禄大夫并封三等公赠妻宜尔根觉罗氏封继室钮胡禄氏为一品夫人诰封碑

图海及妻宜尔根觉罗氏等诰封碑 碑阳为汉文，碑阴为满文，康熙十五年（1676）制。原址在北京市朝阳区关西庄村，今立于奥林匹克公园。

碑身

碑额

额题　汉文“诰封”。

碑座

碑身侧面

碑身局部（一）

碑身局部（二）

碑阴碑身
局部（一）

碑阴碑身
局部（二）

碑阴碑额

碑阴额题　满文，汉译“诰封”。

碑阴碑身

95. 赠太子太傅都统吏部尚书中和殿大学士一等阿思哈尼哈番管佐领图海之曾祖父胡锡祖父噶哈纳父穆哈达为光禄大夫曾祖母觉罗氏祖母觉尔察氏母觉尔察氏为一品夫人诰封碑

图海上三代　曾祖瑚石，亦写作胡锡，马佳氏，满洲正黄旗。世居绥芬地方，后归附努尔哈赤。康熙年间，恩赠为光禄大夫、太子太傅、都统、吏部尚书、中和殿大学士、一等阿思哈尼哈番、管佐领加二级，赐予诰命；曾祖母觉罗氏恩赠为一品夫人。祖父噶哈纳恩赠为光禄大夫、太子太傅、都统、吏部尚书、中和殿大学士、一等阿思哈尼哈番、管佐领加二级，赐予诰命；祖母觉尔察氏恩赠为一品夫人。父穆哈达恩赠为光禄大夫、太子太傅、都统、吏部尚书、中和殿大学士、一等阿思哈尼哈番、管佐领加二级，赐予诰命；母觉尔察氏恩赠为一品夫人。

图海上三代诰封碑　碑阳为汉文，碑阴为满文，康熙年间制。原址在北京市朝阳区关西庄村南，今立于奥林匹克公园。

碑身

碑阴碑身

碑身局部（一）

碑身局部（二）

碑阴碑身局部（一）

碑阴碑身局部（二）

碑额

额题　汉文“诰封”。

碑阴碑额

碑阴额题　满文，汉译“诰封”。

96. 特授光禄大夫三等公蒙古都统佐领诺敏为光禄大夫诰封碑

诺敏　马佳氏，满洲正黄旗，图海之子。初任侍卫。康熙二十一年（1682），袭三等公，历任佐领、散秩大臣、护军统领、刑部尚书、礼部尚书、蒙古正黄旗都统。二十七年，特授光禄大夫，赐予诰命。

诺敏诰封碑　满汉文合璧，康熙二十七年（1688）制。原址在北京市朝阳区关西庄村南，今立于奥林匹克公园。

碑身

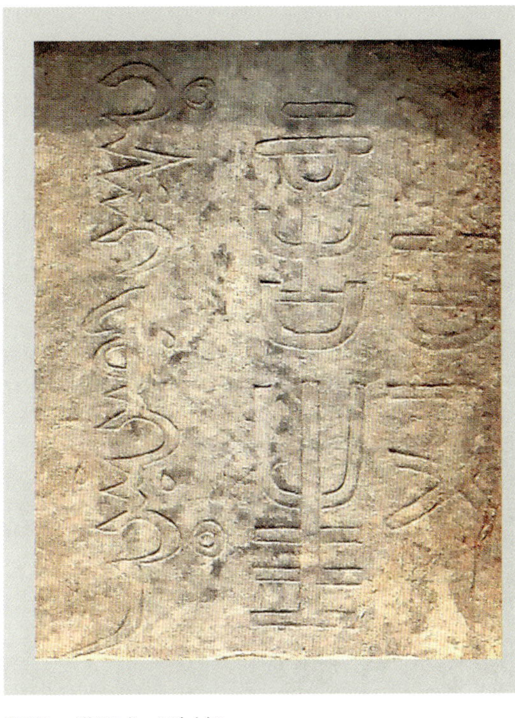

额题　满汉文“诰封”。

碑额

碑身局部

97. 副都统拖沙喇哈番卜舒库墓碑

卜舒库　亦写作布舒库，吴鲁氏，满洲正黄旗。父纳尔泰任佐领，从征大同阵亡。顺治五年（1648），卜舒库初任护军校。十五年，因素娴韬略，屡立战功，授拖沙喇哈番世职。康熙二年（1663），任参领。十六年，升任蒙古正黄旗副都统，列议政大臣。吴三桂等叛乱时，奉命出征。十九年，调任满洲正黄旗副都统；同年，因病卒于军中。灵柩回京时，康熙帝遣大臣迎奠茶酒，赐葬如例，谥号“刚壮”。

卜舒库墓碑　满汉文合璧，康熙二十三年（1684）立。今立于北京师范大学院内。

碑身

碑额

额题 满汉文“敕建”。

碑身局部

98. 特授镇守江宁等处地方将军一等阿达哈哈番额楚为光禄大夫汉文诰封碑

额楚　乌扎拉氏，满洲镶黄旗。先世居萨哈勒察。顺治初，从内大臣和洛辉出征，驻防西安。后历任牛录额真、江宁副都统、二等阿达哈哈番世职。康熙七年（1668），升任江宁将军。后因在与吴三桂叛军作战中坐失战机，被罢官，留世职，仍驻防江宁。二十年，任上去世。

额楚汉文诰封碑　汉文，康熙二十三年（1684）立。今存北京石刻艺术博物馆。

碑身

额题　汉文“伦音”。

碑额

碑身局部

99. 特授镇守江宁等处地方将军一等阿达哈哈番额楚为光禄大夫满文诰封碑

额楚满文诰封碑（中） 满文，康熙二十三年（1684）立。今存北京石刻艺术博物馆。

额题　满文，汉译“诰封”。

碑额

碑身局部

碑身

拓片　选自《北京文物精粹大系・石刻卷》。

100. 皇清光禄大夫达岳堪及一品夫人葛克勒氏栢牙喇氏墓碑

达岳堪　皇清光禄大夫。其妻为一品夫人葛克勒氏、栢牙喇氏。康熙二十三年（1684），其子驻防协领加三级郑泰、防御美参、都统二等侍卫达郎为其立碑。

达岳堪及妻墓碑　满汉文合璧，康熙二十三年（1684）立。原址在辽宁省本溪市高新区松木堡村，今存本溪市碑林。

碑额

额题 满汉文“诰封”。

碑身局部

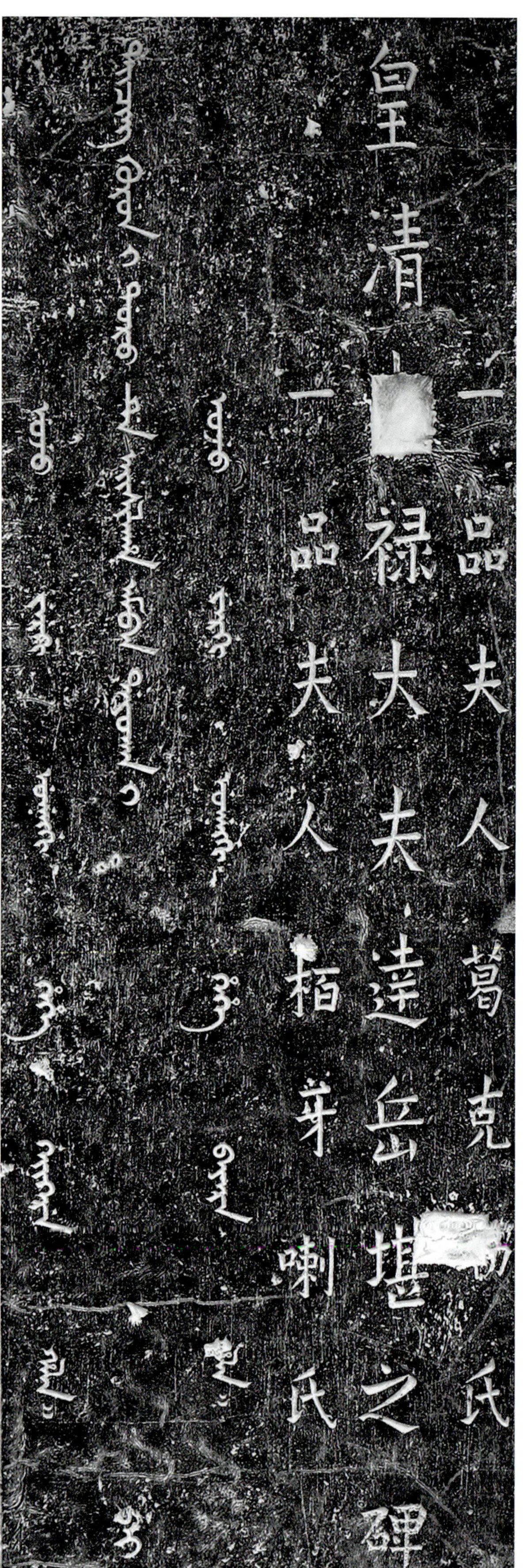

拓片 选自《本溪碑志》。

碑阴拓片

碑阴碑身

碑文辑录

1. 梅勒章京三等阿达哈哈番觉罗阿克善墓碑

梅勒章京加一级三等阿达哈哈番觉罗阿克善碑文

稽古建业驱策群力不吝爵赏以劝有功昭示后世用传不朽所以励忠盖甚备也尔觉罗阿克善初过北京征山东时击吴总兵步兵尔步战固山前卫冲入于锦州杏山松山等处率本甲喇兵击败敌兵六次击洪军门三营步兵时尔率本甲喇兵败之又击夸尔夸兵时尔于纛章京尔宜德前冲入击败对阵马兵故授为拖沙喇哈番后击宁远马兵尔率本甲喇兵对阵败之于前屯卫城红衣炮击破之处尔竭力督攻本固山摆牙喇先登克之故升为拜他喇布勒哈番后定鼎燕京入山海关之日击流贼兵二十万尔步战对阵败之又追及流贼至庆都县对阵败之故加一拖沙喇哈番恭奉太祖武皇帝配祀上帝礼成故升为三等阿达哈番天下大定历升为一等阿达哈番后得罪降为拜他喇布勒哈番兼一拖沙喇哈番任梅勒章京著有劳绩及征福建福州府闻报乌龙江侯官县有贼船住泊尔遣官兵击败之闻报高齐有贼兵尔遣官兵击败获船一只乌龙江贼船二百余只尔乘船领众击败之斩贼伪都督总兵官一员伪都司一员获船十二只后往解罗源县围赴战阵亡故由拜他喇布勒哈番又一拖沙喇哈番授为三等阿达哈哈番尔能御敌冲锋捐躯报国可谓始终尽瘁者矣朕甚嘉焉特命勒诸贞珉光及泉壤国典臣忠庶其昭垂毋斁哉

顺治十六年八月十三日立

2. 特授一等阿思哈尼哈番苏喇章京梅勒章京哇尔马为资政大夫诰封碑

奉天承运皇帝制曰褒忠表义昭代之良规崇德报功圣王之令典特颁恩命以奖勤劳尔一等阿思哈尼哈番苏喇章京梅勒章京宗族哇尔马尔父奏绩良乡齐志已殁以尔承袭用继先猷乃尔无忝懿亲克修前业职管牛录又理事刑曹历任有年勤慎不懈叠被崇荣宜深报效兹以覃恩特授尔阶资政大夫锡之诰命於戏恩推自近乃弘奖夫崇阶业广惟勤尚克承大宠锡钦予时命励尔嘉猷嗟乎此先大夫皇恩诰敕也先大夫历仕本朝声迹懋著寅恭赞采靡间始终今且溘先朝露罔极悲深谨勒之贞珉以树墓前俾世世子孙观览者不忘吾君因以不忘吾亲云尔

时顺治十八年岁次辛丑四月庚辰朔二十四日癸卯　孝男苏辂马谨志

3. 赠原任内弘文院大学士原品护侍二王三等阿达哈哈番伊图之父瓦尔喀为光禄大夫母为一品夫人诰封碑

奉天承运皇帝制曰父有令德子职务在显扬臣著贤劳国典必先推锡用申新命以表前休尔赠资政大夫三等阿达哈哈番内翰林秘书院学士瓦尔喀乃原任内弘文院大学士原品护侍二王三等阿达

哈哈番加一级觉罗伊图之父持身有道迪子成名嘉予懋绩之臣实尔克家之嗣用褒义训原赍恩荣兹以覃恩赠尔为光禄大夫内弘文院大学士三等阿达哈哈番加一级锡之诰命於戏率行式穀泽流青史之光教孝作忠荣耀紫纶之色永培怍胤益庇昌隆

制曰国之最重者惟是忠荩之臣家所由兴者以有劬劳之母特颁恩命用慰子情尔原任内弘文院大学士原品护侍二王三等阿达哈哈番加一级觉罗伊图母赠夫人纳喇氏慈能育子教可传家念兹靖共之猷实本恩勤之训母德既著渥典宜家兹以覃恩赠尔为一品夫人於戏颁爵用以荣亲褒忠因之教孝锡隆恩于不匮表嘉誉于来兹钦服宠纶用光泉壤

康熙六年十一月二十六日

4. 总督四川陕西等处地方军务兼理粮饷兵部右侍郎兼都察院右副都御史加赠兵部尚书太子太保觉罗华显墓碑

总督四川陕西等处地方军务兼理粮饷兵部右侍郎兼都察院右副都御史加赠兵部尚书太子太保谥文襄觉罗华显碑文

国家设官分职于边疆要地务简贤臣命之总制用以诚和文武绥靖兵民任至重也矧川陕二省乃西南屏翰地广事繁尤资控驭能其任者厥惟艰哉尔华显始任司宗继升翰苑旋充讲幄复任纶扉历居禁近之班克矢恪勤之志迨出抚关中益昭治行爰畀以总督之任镇兹秦蜀之区比及三年遂有成效朕问俗省方至于陕右民生安辑军纪严明顾兹茂绩心实嘉焉用是锡之宸翰御衣弓矢鞍马予赉□蕃恩宠优渥凡以奖励能臣风示有位也方期假尔心膂保障西陲何图年力方强遽婴疢疾遣医诊视御药频颁而莫起沉疴奄然长逝念其劳勩深用恻伤于是详考彝章稽其遗行加之宫保谥以文襄既奠斝之再申复丰碑之是建呜呼树勋庸于关陇令闻长存揭姓氏于山丘殊恩罔替班联传为盛事奕叶效其清风昭示千秋允为臣式云尔

康熙四十□年

5. 康熙帝赐闽浙总督臣觉罗满保御笔诗碑

一为阳德借天和宾日中衡社后过东作勤耕劳众力西成有获广农科官箴先戒关河固节钺犹经岁月多正已精心率庶吏宣恩莫使政烦苛　春幸（印章）

赐福浙总督臣觉罗满保

6. 广宁知县庆龄北镇闾山题刻

从善如登

觉罗庆龄

7. 盛京刑部前司掌印员外郎凤德盛京内治门外山神庙置买香火地题名碑

（碑阳）

盛京内治门外山神庙置买香火地碑记

盖闻燔燎□□所以事神也醴酿□□□以昭敬也岂徒□奉明感洒濯心岁云尔哉必将□升馨香

永□万祀取资备物传□□年庶□□之所□□□□□□□甘雨合险□胥□□平也惟□山神圣祠降灵昭显□佑□靳□有非酒□告□□□□吉所能报其万一者□□久而勿替而□□朝夕香供朔望灯火宏费殚尽□□钱□复议捐赀以□备用□岁修有□无结于是说意所感人皆踊跃慷慨□先厚施因于道光三年桃月置买任姓名大鸿者系山西□□□□□愿将祖遺兴地□块内有西厢□屋四间井泉二眼树一株坐落小东关正红旗界南至官□西至官□北至李菜园東至□菜园东西宽壹佰□□丈零伍尺南北长捌拾柒丈作为永远香火之资付住持□经管呜乎人有善行惟神鉴之神有享用□人修之倘或日远年经荒芜废弃不将贻慢神□乎妥为□□以纪其胜俾我祀者绳继无穷奉

盛京正篮旗协领加三级纪录二十一次增福

盛京刑部前司掌印员外郎加三级纪录三次觉罗凤德

盛京厢红旗佐领加五级纪录三十六次依□京额

辛酉科举人候选知县伦乙杰撰文

普阳徐邑王赞化沐手书

经理会首　丰益源 积成公 兴泰达 天益源 天义生 天顺永 公合德 义成合永成和 万成号 公兴恒 永茂和 益兴隆 广聚亨 兴成隆 德兴源

龙飞道光三年季春之月日在胃律中姑洗穀旦　住持僧照辉 徒定钱仝立

（碑阴略）

8. 特授奉天府铁岭县知县调升锦州府锦县知县恩特亨额铁岭文庙尊经阁重修续题名碑

（碑阳）

文庙尊经阁重修续碑文

国家兴学立校下逮郡邑皆崇建庙貌以祀我先师孔子而例必捐修者所以俾该处之僚寀士庶得以申其莫不尊亲之意也惟是斯文日盛庙宜常新倾圮则当改作残缺则当增修改作之用繁增修之役数度非出入是门者继继承承乐善不倦而殿庑门墙何能肃观瞻于弗替哉岁己巳副尹茹学宪奏请武英殿书籍颁行学署奉旨准奏随谕州县建阁以贮之而我铁邑文庙适当不可不重修之日也曾蒙县尊札父台酌派拔贡生由世英岁贡生周文焕从九职梁国安太学生魏从宽刘文煜赵天锡刘瑜等会同旂署广集捐项鸠工庀材而宫墙一切工程暨城角奎楼皆得与尊经阁一事修讫费计五千余金捐赀未齐执事者分行补欠焉是以至今十余年而碑记阙如也夫瓦屋之患莫大于渗漏既有其端而因而循之势必至于木朽墙颓改作之难前车可鉴矣儒学孙师台灼见及此爰擢及门之能事者为修葺之役有文庠生郭文宝胡桂生赵国玺吴自有等奉老师知单申劝捐项兴工之日皆以岁试故延岁贡生周时代董其事先为揭瓦继为涂丹举向之所修营者依然维□快何如之费只千金有奇工藏建碑索晖为文以记之谓先後之捐金者伙矣不标其名恐无以为将来劝然则向之宗师县主今之司教者一切美意独不可传为将来劝乎两次执事绅士旷日持久率作兴事不标题焉又何以为来者劝且前以费繁而无力传后以赀余而代为传淳厚之意蔚起之休亦以见吾乡之大可风也爰不揣谫陋并志之为题名冠云

特授奉天府铁岭县知县调升锦州府锦县知县加三级纪录十次觉罗恩特亨额捐俸银拾两　特授奉天府经历署铁岭县知县加三级纪录五次李荣光捐俸银拾两选授奉天府铁领县训导加二级戊午科举人孙涟捐俸银拾两　署铁岭县典史加一级纪录三次黄守谦捐俸银捌两　木工张敏捐银三

两　泥工肖宏竞 李自发捐银二两　同监修人邑庠生胡桂声 邑庠生郭文宝 岁贡生周时 邑庠生赵国玺 邑庠生吴自有　候选教谕恩贡生周晖敬撰并书　库生胡桂声篆额　王平　麻生勒石

大清道光七年岁次丁亥孟秋月中旬九日立

(碑阴)

劝捐绅士题名（略）

9. 正黄旗骁骑校扎钦布捐助重修石塔寺碑

重修石塔寺碑记

粤稽古史有云凡祭告天地必以坛享祀百神必以庙敝则修之以昭敬也开原石塔寺始自唐乾元时洪理大师所建崇寿禅寺也至大定三年复建石塔为大师龛乃更名焉详阅古石参以县志自明万历以前已经八重修矣万历二年甲戌重修未及勒石越二十二年甲午重修至丙申则勒之嗣后或勒或否碑记虽无全文迄今约已十余次矣是开原坛庙之设莫古于斯而所以昌帝运觉群迷资祈禳严保障者亦莫重于斯矣而何可听其敝而莫之修也数年来风剥雨蚀日就颓败余每步履至此辄欷歔久之而窃叹其继修之无人也孰意佛教开心无梦不觉人情好善有感斯通适有商人张履泰阎得义者目击心伤□意兴作因谋于武生郭纯祈监造焉又复会同吏员阎亮以总财物之出纳由此首从各效其职内外悉得其人寒暑不避风雨不辞昼夜辛勤始终如一历二载而工竣焉虽然四人者初不敢自居其功以掩人之善也盖四人之家无山林何以出木石无陶冶何以出砖瓦无灰土何以资垒砌无采色何以资绘画且无车马之众多何以供数百辆之脚运无米薪之委积何以供数千工之饔飧当斯时也正有赖于阖郡官商信士募者募捐者捐以广聚其赀财此用之所由足而功之所由成也故特立两石普载芳名并求余而为之记余喜其落成虔谒佛像周瞻庙貌见仆者起衰者正敝者完故者新迥非昔日颓败之象矣而余向者欷歔之叹亦由此而一舒故欣然而乐为之记云

开原县城守尉加九级纪录五次宗室德川捐银　世袭正黄旗佐领吉庆捐银五两　厢黄旗骁骑校科施讷捐银四两　开原县正堂加九级纪录十三次广和捐银　开原厢黄旗防御明安图捐银五两　厢白旗骁骑校怀他恒额捐银四两　开原县儒学正堂庚午科举人王丹书捐银四两　开原正红旗防御添常阿捐银五两　正白旗骁骑校德和布捐银五两　开原县督捕厅加三级纪录五次梁世华捐银十二两　开原厢白旗防御扎勒杭阿捐银三两　正红旗骁骑校三清阿捐银五两　开原关防处笔帖式富勒合讷捐银五两　开原厢红旗防御安邦阿捐银五两　厢红旗骁骑校辅尼雅翰捐银四两　开原仓官咸丰捐银五两　开原厢蓝旗防御索尼辉捐银五两　开原仓外郎三福捐银五两　正黄旗骁骑校觉罗扎钦布捐银五两　癸酉科优贡候选复设训导王应祥撰文　乙酉科拔贡候选直隶州判段云峰书丹

大清道光十七年岁次丁酉九月下浣榖旦立

10 江苏镇江知府豫立题焦山万佛塔五言三十首诗碑

题多宝塔五言三十首　唐琅邪颜真卿书

一

①建塔垂经偈　师禅礼法王　百行昭至德　千载著弘章

水定流俱住　心开梦也香　当楹观舍利　久远炳圆光

二

断本无千字　如珍每奉持　梵文黄娟滟　雅范墨华披

扃户临其法　深心重所思　精勤悲后学　奥秘未能窥

三

笔直因心正　人纯法自深　其名如宝玉　斯品比真金

壮志昭天汉　贞衷建古今　尊崇华岳耸　梦寐缅相寻

四

②楚南称佛界　衡岳镇柔坤　巨壑耸华表　崩岩围寺门

半天秋气爽　一塔法云吞　动止持经卷　判将画夜温

五

闻道弘福寺　朝朝建佛场　圆通归万法　普度遍十方

水月空诸相　莲华自在香　经声递续处　宝塔现灵光

六

建塔迎三藏　发行表上禅　负囊经附肘　荷插雪盈肩

励志师前圣　怀恩法簪贤　誓身登正果　感达谢游迁

七

飞锡从西域　迷舟度海南　慧分人我象　性定水天涵

五③岳开金界　三山秘玉函　无劳尔意想　大道于中探

八

佛法广无穷　精舍方寸中　一灵能发现　万象自圆通

大道生还灭　玄宗色即空　慈航施惠力　合掌问禅功

九

我佛善养性　山门封断岑　石槛拂塔起　众木抱楼深

玉砌辉禅日　银河写积阴　寂寥平萝感　人界荨浮沉

十

解脱尘心静　功深是佛胎　琅玕环福地　灵草发天台

三昧真精矣　十方自大哉　源流能契悟　菩萨法门开

十一

④入定承三昧　绝萌见释迦　有因明有象　无饰示无暇

层叠环金树　庄严现宝华　不应分我相　身界感恒沙

十二

七宝如来教　精修最上禅　莲灯明永夜　宝塔建千年

法若波归海　德同月丽天　法华微妙理　至道有真传

十三

大道本难逢　森严万法同　鹏飞沧溟外　龙戏海涛中

有相圆而广　　无为净即空　禅光明宝塔　照见法王宫

十四

顿悟如来教　因居选佛场　禅心含智慧　舍利现毫光

鸟⑤兽同欢悦　人天岂隐藏　澄怀观至道　寂静只寻常

十五

念彼师禅德　千年宝塔明　崇檐垂赫翼　大化感流行

道广虽无尽　功深乃有成　空中征福慧　玉宇法云生

十六

众悟盈天壤　慈云满大千　须弥容芥子　华盖绕旃檀

常见心中佛　能生火内莲　西方清静法　三藏授真传

十七

元妙菩萨戒　莲华满宝台　聚沙成佛道　合掌见如来

法力云龙伏　禅光日月开　精心求舍利　灵塔有真材

十八

⑥落发强为僧　何知诵大乘　迷舟流业海　昏夜灭莲灯

寺塔千金筑　禅门七宝增　此中求佛子　至教许谁能

十九

释圣名虽异　修身理则同　无为非静息　有悟乃圆通

莫谓人殊我　光明色是空　学成尘不染　法时思何穹

二十

宝箓是明师　功夫不可岐　始初同凿井　高远若登巇

乃见锤钻者　非凭缚注之　有为求法式　无息在乘时

二十一

髫齿勤习佛　超然悟俗尘　非空也非色　无我并无人

月⑦肖庄严相　山如自在身　欲归八万法　先去证前因

二十二

弘业奉三藏　持行超上真　弥天资大力　宝萼见千身

无用分门户　自然罕造因　至诚征异梦　薝蔔喜常春

二十三

宝塔现初地　金光普大千　檀华香不灭　慧镜月同圆

灵鹫三生象　天龙一指禅　许归八藏法　要时孰为宣

二十四

瞻睹名人帙　龙地妙法精　画沙凭大力　入木冠群英

相业真刚烈　文章表至诚　千年陈宝塔　思念不胜情

二十五

⑧普济多年寺　名山敕赐封　诸天覆碧海　巨木偃苍龙

一塔下开讲　千灯中见荣　崇碑戴赑屃　百尺映高峰

二十六

顿悟禅关义　齐心诵法华　金经书多贝　慈雨满恒沙
月面观音相　水姿苾蒭花　大乘空净理　至矣莫能加

二十七

宿契三生秘　师禅敬法王　天华飞宝座　水影绘文章
书辑百家粹　经遗一卷香　畅怀永不垢　梦感发瓶杨

二十八

识得佛门理　观身了不同　泛流爱纲密　广宇法檐崇
稽⑨手持三戒　安禅礼大雄　法轮常不已　众相示环中

二十九

额手师六祖　于斯有岁年　化城踊福地　心镜会香禅
铜漏注圣水　金炉散法烟　宗门期不替　未可负先贤

三十

多宝千余字　如珍选聚之　收罗为法则　雜取助师资
禅偈警无匹　名言记有斯　印泥传笔法　颠奉与龙池
道光岁次乙未日至之辰　　觉罗豫立撰集

（后记）

⑩集字为文自昔有之然第用其字或模其迹而已未有□析原刻而为之者余藏有旧拓多宝塔碑楮墨精良暇辄临摹观□惜其不全每以为遗憾乙未之岁偶有心得割取其字集成五言律诗三十首即以题公□日夕构思数月不辍虽于公书之传流未尝有所损益而碎金积至合璧连珠亦足伸景仰前哲之怀岂必为艺林所不许爰付衺池出以问世二三同志盖皆谬与之欣赏焉久思勒之贞珉以公好事庚戌冬在润州有工自广陵来试□□良遂所以授之刻既竣略序其始末陷其石于焦山寺壁为游观之助且以志官迹之所经四方风雅爱其书必涌其诗或喜其事之创而为之揄扬是余得藉鲁公以传□非余之厚幸也□

粒民豫立（印章）

（注：①—⑩为碑石序号）

11. 一等阿思哈尼哈番瓦尔掐朱嘛喇墓碑

一等阿思哈尼哈方（番）瓦尔掐朱嘛喇墓碑文

稽古建业驱策群力不吝爵赏以劝有功昭示后世以永其傳所以励忠盖甚备也瓦儿哈朱麻喇宣力疆场如夜拔故城征撒哈连兀喇及围锦州仍効力战山海关之役从破李自成勇略可称昔先皇知其能俾赞铨务著有成劳其于吏事兵戎可谓兼综无阙矣平定中原屡锡殊恩忽赍志以殁爰俞礼臣请识诸贞珉以贲泉壤国典臣忠庶其昭垂毋斁哉

大清顺治十年八月

12. 一等阿思哈尼哈番巴尔达奇碑

一等阿思哈尼哈番巴尔达奇碑文

稽古建业驱策群力不吝爵赏以劝有功昭示后世以永其传所以励忠盖甚备也尔巴尔达奇原系京□（奇）里兀喇人倾心内附岁贡方物及同党相残又能率尔兄弟协力纳款真识时保身者矣方期后效忽尔奄终应志贞珉以贲泉壤国典臣忠庶其昭垂毋斁哉

顺治拾壹年伍月拾叁日立

13. 追赠三等阿思哈尼哈番照一品品级立碑安达礼墓碑

追赠三等阿思哈尼哈番照一品品级立碑谥忠介安达礼碑

朕惟见危授命臣道之常至若邦国无虞宫车抱痛独能恋主捐躯稽诸载籍罕见其人尔安达礼擐甲从龙勤劳已著乃于皇考太宗文皇帝上宾之时感念深恩不惜身殉永期侍从在天之灵可谓毕志殚诚恋主致身者矣朕每眷山陵辄怀风烈兹特照一品品级锡以嘉名勒之贞石用旌一心之谊国典臣忠庶拜垂无斁哉

大清顺治十一年五月十三日立

14. 弘毅公额亦都墓碑

弘毅公额亦都碑文

帝王得人共图大业治定之日必昭（其功）于天下后世以志不忘洪惟我祖宗创造艰难一时鹰扬之佐遭会风云号称济济成绩（俱）在藏于册府额亦都者奋迹戎行战国（功久）著从征哈达兀喇叶黑暨攻土仑袭色格界率众先登敌无坚壁至取巴兒岱城奋躯登堞矢贯其身连于堞上以刀断之犹能入城其鸷猛有过人者少年归命身经百战屡被重创遍疮痍如收黑舍（黑）虎儿哈押赖诸部又能以少击众俘获甚多开拓疆土厥绩懋焉太祖嘉与勋庸赐以婚媾及其殁也先皇复加追叙高爵崇祀轸恤甚备国有若臣可谓忠□勇忘身有始有卒者矣用勒贞石以示表章岁月逾远嘉绩弥彰于以褒劝有功庶几宣力国家者闻之而有感云

顺治十一年四月十八日立

15. 乳公二等阿达哈哈番哈喇墓碑

乳公二等阿达哈哈番谥恭襄哈喇碑

朕惟恩以报功国有钜典名以旌异代著休声况勤劳载显于朕躬必褒赠特昭于后世兹尔哈喇赋性贞纯持家谨慎当朕冲龄之日尔妻曾效乳哺尔能竭诚调护夙兴夜寐无懈忠勤应加荣宠昭此特恩乃溘然遐逝深用愍悼赐之祭葬谥以恭襄勒之贞珉庶传尔绩于不朽哉

大清顺治十二年三月二十五日立

16. 二等阿达哈哈番哈喇妻奉圣夫人朴氏墓碑

奉圣夫人朴氏碑文

朕惟天亶圣哲则必有贤淑之媪为维持于宫闱诞育之初以培至德而凝介祉故生敦勤恪之诚斯殁膺优渥之泽所以酬劳彰善著为国经尔奉圣夫人朴氏乃皇考世祖掌皋帝之乳媪也越在我皇考幼年冲岐嶷之年尔以温惠之资受保抱之任克敬克慎惟爱惟和殚心靡怠于署寒效力聿虔于昕夕用能翼护圣躬流誉禁掖暨乎朕之初载尔则勤劬益挚肫恳弥勤励鞠养以无方勖始终而如一眷言姆范良笃厥劳既克受天孚佑享有遐龄乃奄然物化朕实心尽爰诏所司赐之异数特赐孝陵近地葬如公夫人礼呜呼依园陵因而营窀穸宠光长贲于重泉迈侯伯而备仪文典制式隆乎常宪镌之贞碣永旌尔贤

康熙贰拾壹年捌月拾捌日立

17. 二等阿达哈哈番哈喇妻奉圣夫人第一道谕祭碑

（谕祭文　第一道）

维康熙二十年岁次辛酉七月朔越五日丙辰皇帝遣礼部左侍郎加二级额星格谕祭故乳媪奉圣夫人朴氏之灵曰朕惟自古圣辟诞生首重冲龄之鞠养宫闱保护允资淑媪之辛勤惟成劳克懋于生前斯优宜隆于身后尔奉圣夫人朴氏乃皇考乳媪秉性惟和范身克慎奉我皇考爰自怀抱之初夙夜恭勤始终谨畏劳深绩茂皇考亲所鉴知用是朕冲幼之年复畀以保育之任尔则勤劬弥著祗敬益增由其笃挚之诚享此绵长之算方期永绥多福何意遽逝穷泉追念往功倍深新悼特稽襄籍颁祭有加於戏象服式膺眷宠荣之已极纶章载贲昭祀典之攸崇尔灵有知尚其歆享。

康熙二十一年八月十八日立

18. 二等阿达哈哈番哈喇妻奉圣夫人第二道谕祭碑

（谕祭文　第二道）

康熙二十年岁次……皇帝遣礼部左侍郎加二级……谕祭故乳媪奉聖夫人……而咸称大……圣之忱久而靡懈□（恩）酬劳

康熙二十一年八月□□□□□

19. 二等阿达哈哈番哈喇妻奉圣夫人第三道谕祭碑

（谕祭文　第三道）

维康熙二十年岁次辛酉十二月庚辰朔月二十三日壬寅皇帝遣礼部右侍郎兼翰林提学士富鸿基谕祭故乳媪奉圣夫人朴氏之灵曰惟国家恩泽之弘聿崇三锡念奉侍勤劬之久顿隔□泉溯保护之夙敦觉轸伤其弥切欲酬襄绩岂靳殊荣益贲宠绥用孚幽壤於戏眷怀提抱之劳初终如一爰锡褒崇之典存殁弥光尔其来歆钦兹隆命

康熙二十一年八月十八日立

20. 二等阿达哈哈番哈喇妻奉圣夫人第四道谕祭碑

（谕祭文　第四道）

维康熙二十一年岁次壬戌三月己酉□□十一日己未皇帝遣礼部尚书加五级师颜保谕祭故乳媪奉圣夫人朴氏之灵□□尔职司阿保成劳聿著于昔年事奉宫闱祗慎猷彰乎今日诚求克尽罔惮辛

勤谨恪自将无分久暂眷言长逝滋切殷怀於戏宠命四申昭恩荣之弥茂隆仪数赉嘉爱护之多劳尔克有知庶其来格

康熙二十一年八月十八日立

21. 二等阿达哈哈番哈喇妻奉圣夫人第五道谕祭碑

（谕祭文　第五道）

维康熙二十一年岁次壬戌三月己酉朔越二十三日辛未皇帝遣内务府总管海喇孙渝祭故乳媪奉圣夫人朴氏之灵曰惟尔性存肫挚德恊温和保育多方夙备维持之节敬恭益懋常敦翊护之忱奉皇考于诞生勤劬克殚抚朕躬于在抱慈爱尔殷袛夙夜以无愆历初终而罔间自徂冥漠奄易岁华眷惟鞠养之深情岂靳哀荣之异数爰敷恩于窀穸聿旌奉事之勤俾接壤于庶示褒崇之盛式申显命以答尔劳呜呼特加马鬣之封泽既优于泉壤五申椒浆之荐礼更渥于彝章尔其歆格荷我宠休

康熙二十一年八月十八日立

22. 二等阿达哈哈番哈喇妻奉圣夫人第（六）道谕祭碑

（谕祭文　第［六］道）

……甲辰闰肆月甲戌朔越伍日戊寅……中加贰级达锡……朴氏之灵曰宫庭调护晨昏必借夫棐诚阿保维持左右实资夫恭顺心历始终而匪懈□□□以襄荣……尔奉圣夫人朴氏赋性温和秉躬恪慎殷勤卫养初承……彤闱□□追随复奉……于绣褓朕稔知劳□时廑思维持卑隆仪用嘉往绩於戏培封树于……酬酒□□□衍世泽于辟□之中恩流奕叶灵其不昧尚克歆承

23. 固山额真三等精奇尼哈番何和礼墓碑

固山额真三等精奇尼哈番谥温顺何和礼碑文

朕惟国家开创大业必有英贤佐命建立鸿勋生固显秩崇阶振威德于天下殁亦荣名美谥传盛烈于后昆此录故旧之深恩劝忠臣之巨典也缅惟我太祖太宗时旧臣推诚宣力矢志服勤贞心亮节屹肰（然）不磨朕岂能已于追念也哉尔何和礼原系东窝地方大臣太祖往哈达地方择妃时从驾效力复率领部属来归故以公主妻之擢为大臣征嘉库达时尔同把图鲁姑夫等克其城降其部属取兀喇时率本固山兵击战移居界樊后升为精奇尼哈番尔乃能益励忠诚封疆攸赖是真始终尽瘁克襄王室者矣今追述往事轸念前勋德性宽和知比于理谥曰温顺以垂不朽特命勒诸贞珉光及泉壤用昭朕故旧不遗之至意云尔

顺治拾叁年捌月贰拾捌日立

24. 固山额真三等公何芍图墓碑

固山额真三等公谥端恪何芍图碑文

朕惟国家开创大业必有英贤佐命建立鸿勋生固显秩崇阶振威德于天下殁亦荣名美谥传盛烈于后昆此录故旧之深恩劝忠臣之巨典也缅惟我太祖太宗时旧臣推诚宣力矢志服勤贞心亮节屹肰不磨朕岂能已于追念也哉尔何芍图原承袭尔父三等精奇尼哈番初征明都城时马兰峪敌兵两处驻

立率本固山兵败之又敌兵于芦沟桥列阵率本固山兵败之击四总镇兵时率本固山兵败之升为三等公尔乃能益励忠诚封疆攸赖是真始终尽瘁克襄王室者矣今追述往事轸念前勋守礼执义敬共官次谥曰端恪以垂不朽特命勒诸贞珉光及泉壤用昭朕故旧不遗之至意云尔

顺治拾叁年捌月贰拾捌日立

25. 赠光禄大夫哲尔本及妻诰命碑

奉天承运皇帝制曰臣子以身许国志固存乎显亲朝廷移孝□忠恩必弘于□哲嗣为予宣力之劳臣□哲尔本为□□□满洲都统太子太保头等公佐领彭春之父善积于身祥开厥后自昔鲤庭授训且知构之材□□受析□之宠盖列爵酬庸之典皆益寿说礼之道兹以覃恩赠尔为光禄大夫都统太子太保头等公佐领赐之诰命於戏弗讷于言巴著□□必□礼尚保世禄以□休予既有事于申□尔其无憾于重泉

制曰国赖贤臣膺股肱之任寄家令生子念抚育之劬劳不□□宗何□公正红旗满洲都统太子太保头等公佐领□□□□□佳氏柔嘉维则淑慎其身□室官家矩范茂传于三党从夫从子□华□□□□泽□疏□之焕采兹以覃恩□尔□□□□□□□□□九天酬□世□常□烈龙奕世领内朝翟茀之班庶几寸草之心足慰树□之慕

康熙二十三年九月二十四日

26. 赠光禄大夫哲尔本及妻墓碑

（漫漶严重仅能识别个别字）

显考光…………妣

27. 特授正红旗满洲都统太子太保头等公佐领兼一拖沙喇哈番彭春为光禄大夫妻瓜尔佳氏觉罗氏黑黑里氏觉罗氏郭氏为一品夫人诰命碑

奉天承运皇帝制曰国重干城之选宣力惟人朝颁章服之荣酬庸有典爵首隆于五等命宜锡自九重尔正红旗满洲都统太子太保头等公佐领兼一拖沙拉哈番彭春性资忠勇器识弘通依日月之光华懋成劳于钟鼎际海山之清宴食旧德于旂常比晋秩夫崇阶益靖共于在位心存天室常抒捧日之忱贵列上公弥励循墙之节忻逢庆泽式焕新纶兹以覃恩特授尔阶光禄大夫锡之诰命於戏懋乃嘉猷允称腹心之寄膺兹宠奖益彰阀阅之勋祗服训辞对扬休命诰封一品夫人瓜尔佳氏觉罗氏黑黑里氏觉罗氏郭氏

康熙二十三年九月二十四日

28. 都统一等公彭春及妻瓜尔佳氏觉罗氏黑黑里氏觉罗氏郭氏墓碑

一品夫人瓜尔佳氏

一品夫人觉罗氏

一品夫人黑黑里氏

光禄大夫都统一等公栋鄂氏彭春之坟墓

一品夫觉罗氏

郭氏

康熙乙酉年孟冬　　子福罕立

29. 赠议政大臣都统兼佐领齐锡之父胡希布为光禄大夫母那拉氏为一品夫人诰封碑

奉天承运皇帝制曰宣威效力事父资以事君锡类推恩教忠本于教孝道存激劝志慰显扬尔胡希布乃议政大臣都统兼佐领加一级齐锡之父倜傥负奇老成垂范□□□□家之训国有爪牙虎臣策报主之勋人敦诗礼兹以覃恩赠尔为光禄大夫议政大臣都统兼佐领加一级锡之诰命於戏莅官能敬已弘昌后之基有子亢宗益励在公之念朕何吝于爵赏尔克世其弓裘

制曰能仕教忠式穀固由于母训推恩能下宠荣必逮于慈帏用答恩勤特颁荣宠尔议政大臣都统兼佐领加一级齐锡母那拉氏顺柔叶德婉嫕宜家盛年不御丹铅和夫以俭永夜时闻机杼教子能劳慈以覃恩赠尔为一品夫人於戏先国后家惟贤母独知大义作忠移孝俾劳廑能绍前徽生而有闻殁世不朽

康熙三十六年七月十九日

30. 三等精奇尼哈番恩格德里墓碑（碑阴为诰封碑）

(碑阳)

三等精奇尼哈番谥端顺恩格德里碑文

朕惟国家开创大业必有英贤佐命建立鸿勋生固显秩崇阶振威德于天下殁亦荣名美谥传盛烈于后昆此录故旧之深恩劝人臣之巨典也缅惟我太祖太宗时旧臣推诚宣力矢志服勤贞心亮节屹然不磨朕岂能已于追念也哉尔恩格德里原系蒙古夸尔夸贝子能应时运倡率部属首先投顺恩以公主配尔授三等精奇尼哈番尔能益励忠诚称乃厥职今追述往事轸念前徽守礼执义和比于理谥曰端顺以垂不朽特命勒诸贞珉光及泉壤用昭朕故旧不遗之至意云尔

顺治十四年三月二十四日立

(碑阴)

奉天承运皇帝制曰父有令德子职务在显扬永著贤劳国典必□推锡用申新命以表前休尔恩格德礼乃一等公多尔机昂帮额尔克戴清之父识炳几先才能出众当人心之未定佐天运之维新率部投诚诞膺眷命忠勤可嘉恩荣宜及兹以覃恩赠尔为光禄大夫一等公多尔机昂帮锡之诰命於戏率行式穀泽流青史之光教孝作忠荣耀紫纶之色永培祚胤益庇□隆母和硕公主

顺治捌年捌月贰拾壹日

31. 噶布什贤超哈噶喇昂邦三等精奇尼哈番涂鲁希邵科罗巴图鲁墓碑

噶布什贤超哈噶喇昂邦三等精奇尼哈番谥忠宣涂鲁希邵科罗把图鲁碑文

朕惟国家开创大业必有英贤佐命建立鸿勋生固显秩崇阶振威德于天下殁亦荣名美谥传盛烈于后昆此录故旧之深恩劝忠臣之巨典也缅惟我太祖太宗时旧臣推诚宣力矢志服勤贞心亮节屹然不磨朕岂能已于追念也哉尔涂鲁希原系牛录分中拜他喇布勒哈番哨探海边旅顺口石山站斩杀多

人并有俘获征明都城时攻取大安口城伏兵蓟州遇敌杀败领左翼哨兵击袁巡抚兵击四总镇兵之夜遇两处敌哨尽杀之又率本甲喇兵于固山前首先杀入往探通州都城之间道遇通镇之兵及都城北门外驻防之兵皆击败斩杀生擒爱嗒哨兵询得爱塔所在即擒杀之升为二等阿达哈哈番自永平回遣视边城率四人猝遇蒙古兵二十余人力战败之救出一人未征大凌河之前往擒探夜辄有所获行兵所在常擒拨夜二次力战锦州兵堵守张道兵三昼夜报敌兵越濠潜出先同摆牙喇纛杀入败之晚击营时独领二□越众先入败之超升为三等阿思哈尼哈番尔乃能益励忠诚封疆攸赖及夫大同之役御敌冲锋捐躯报国可谓始终尽瘁者矣故升为三等精奇尼哈番赠以邵科罗把图鲁之名今追述往事轸念前勋危身奉上善闻周达谥曰忠宣以垂不朽特命勒诸贞珉光及泉壤昭朕故旧不遗之至意云尔

顺治十四年二月二十一日立

32. 固山额真三等阿达哈哈番把都里墓碑

固山额真三等阿达哈哈番谥敏壮把都里碑文

朕惟国家开创大业必有英贤佐命建立鸿勋生固显秩崇阶振威德于天下殁亦荣名美谥传盛烈于后昆此录故旧之深恩劝忠臣之巨典也缅惟我太祖太宗时旧臣推诚宣力矢志服勤贞心亮节屹然不磨朕岂能已于追念也哉尔把都里以办事有能授三等阿达哈哈番尔能益励忠诚称乃厥职同□□□□尔虎气效力行间勤劳茂著后从征大同攻蒋家庄城时尔御敌冲锋捐躯报国可谓始终尽瘁者矣今追述往事轸念前勋□□有功死于原野谥曰敏壮以垂不朽特命勒诸贞珉光及泉壤用昭朕故旧不遗之至意云尔

顺治十五年二月十七日立

33. 直义公费英东墓碑

国家缔造鸿图奖予劳勋厥有常典至隆备也况始事之臣栉风沐雨功载盟府者乎尔费英东忠赤有谋沉雄善断当太祖武皇帝时首先归命洊陟崇班始力擒兑沁巴颜两征佛讷赫地方度取抚顺皆能奋勇先进出奇制胜额奇克贝勒矫制移城尔独能抗直不回大义凛凛攻叶赫志在必克进无反顾卒下其城前后数十载励勷大业遐畅天威摧陷之勋多嘉赖虽积劳殁身休烈未泯先皇受命之初追念厥功特崇显爵配享庙庭而表章尚阙因树兹贞石昭示将来生建壮猷殁膺宠锡荣哀有赫式慰永怀庶使宣力国家者闻之有感云

顺治十六年

34. 与五臣同固山额真邵科罗巴图鲁安边我墓碑

与五臣同固山额真邵科罗巴图鲁谥敏壮安边我碑文

朕惟国家开创大业必有英贤佐命建立鸿勋生固显秩崇阶振德望于天下殁亦荣名美谥傳盛烈于后昆此录故旧之深恩劝人臣之巨典也尔安边我英姿亮节出应昌期当太祖武皇帝开创之时攻城杀敌著有殊功蒙恩优赐邵科罗把图鲁名色与五臣同又赐一牛录并半牛录补授固山额真克尽厥职劳绩难泯及朕登极追念旧勋以尔子达尔代西尔代等优升官秩今特重加恤典循古易名之义谥曰敏壮并敕部造立坟茔树之丰碑垂诸不朽用酬元臣尽瘁之义以昭朕不忘故旧之至意云尔

顺治十六年十二月初四日立

35. 晋赠太子太保原任礼部尚书钟音墓碑

晋赠太子太保原任礼部尚书钟音碑文

朕惟封圻历试聿怀制阃之猷典礼攸司式重容台之寄眷成劳于中外宜贲松楸颁宠命于泉垆用光琬琰尔晋赠太子太保原任礼部尚书钟音程材克敏植品惟端初分簪笔之荣即预批章之选长成均而教胄旋跻省闼清班使属国以颁封仍掌□京宪典用提封之特简经棨戟之频移晋贰中枢驻节则边屯佐理命司大比培英则芸馆□资俾旧部之重临岭峤叠膺屏翰复雄□之兼辖浙闽并隶旌牙入作秩宗勖惟寅于夙夜进陪经幄覗匪懈于初终羽林崇都统之阶书局畀总裁之任班依□□扈跸路以常趋礼葳珠邱听履声而忽杳诊遣御医之长术乏回生赠加宫保之衔情殷悼往肆筵既饬考行惟祥於戏文彰学问之优受知靡忝恪表温恭之素执事能虔宠以丹纶缅声猷其未沫铭之翠碣永誉望以长留励尔后人垂示无斁

乾隆四十四年十月十六日立

36. 赠钟音之父原任监察御史兼佐领朱满为荣禄大夫母吴氏为一品夫人诰封碑

（碑阳）

奉天承运皇帝制曰云霄官阀式崇开府之勋棨戟家风实始家庭之训爰施宠奖用贲徽章尔原任监察御史兼佐领朱满乃太子少保兵部尚书兼都察院右都御史总督福建浙江等处地方军务兼理粮饷盐课世袭一等轻车都尉钟音之父世授青箱庭生玉树贻之清白蔚为盛世珪璋教以义方屹作熙朝屏翰兹以覃恩赠尔为荣禄大夫太子少保兵部尚书兼都察院右都御史总督福建浙江等处地方军务兼理粮饷盐课世袭一等轻车都尉锡之诰命於戏称先则古诗书蕴文武之谟浴德澡身忠孝立子臣之鹄祇承渥典永荷殊荣

制曰家声光大庭闱之式穀攸先门祚蕃昌闺闼之贻庥夙裕洊加天宠用阐母仪尔吴氏乃太子少保兵部尚书兼都察院右都御史总督福建浙江等处地方军务兼理粮饷盐课世袭一等轻车都尉钟音之母娴于典则著有规型爱必先劳每勖莅官之敬忠于所事率由胎教之贤兹以覃恩赠尔为一品夫人於戏锡茂奖于兰陔芳蕤益播被惠风于葱佩馨泽弥新祇受荣章永标淑德

（碑阴）

乾隆三十九年岁次甲午仲春月二十四日立

37. 赠钟音之父原任监察御史兼佐领朱满为荣禄大夫生母张氏为一品夫人诰封碑

（碑阳）

奉天承运皇帝制曰云霄官阀式崇开府之勋棨戟家风实始家庭之训爰施宠奖用贲徽章尔原任监察御史兼佐领朱满乃太子少保兵部尚书兼都察院右都御史总督福建浙江等处地方军务兼理粮饷盐课世袭一等轻车都尉钟音之父世授青箱庭生玉树贻之清白蔚为盛世珪璋教以义方屹作熙朝屏翰兹以覃恩赠尔为荣禄大夫太子少保兵部尚书兼都察院右都御史总督福建浙江等处地方军务兼理粮饷盐课世袭一等轻车都尉锡之诰命於戏称先则古诗书蕴文武之谟浴德澡身忠孝立子臣之

鹄祇承渥典永荷殊荣

制曰恩重所生恒因子而并贵礼隆自出亦从嫡以分荣爰沛朝章用嘉母教尔张氏乃太子少保兵部尚书兼都察院右都御史总督福建浙江等处地方军务兼理粮饷盐课世袭一等轻车都尉钟音之生母早谐内则克表令仪绨绤裕明勤应归妹其娣之吉蘋蘩佐筐叶有齐季女之贤兹以覃恩赠尔为一品夫人於戏德心柔淑夙知当夕之谦恩泽骈繁宜荷自天之宠祇膺庆典永著芳型

（碑阴）

乾隆三十九年岁次甲午仲春月二十四日立

38. 赠拜他喇布勒哈番兵部种马场理事官吴达哈之祖父宜章噶父黄噶为资政大夫祖母舒木李氏母纳喇氏为夫人诰封碑

奉天承运皇帝制曰恩彰下□□笃棐于群寮家有贻谋本恩勤于大父用溯源流之白爰推纶綍之荣尔赠通议大夫拜他喇布勒哈番兵部种马场理事官宜章噶乃拜他喇布勒哈番兵部种马场理事官加一级吴达哈之祖父植德不替佑启后人绵及乃孙丕彰鸿绪休贻大父聿观世泽兹以覃恩赠尔为资政大夫拜他喇布勒哈番兵部种马场理事官加一级锡之诰命於戏垂裕孙谋已沐优渥之□□褒祖德用邀锡类之仁贻厥奕祚佩此新纶

制曰一代褒功劝酬示□再世承恩崇奖及先绩既懋于公家宠宜追于王母尔拜他喇布勒哈番兵部种马场理事官加一级吴达哈祖母赠淑人舒木李氏尔有慈谋裕及后昆□兹称职端由壸教爰锡褒仪之贵□昭种德之勤兹以覃恩赠尔为夫人於戏溯其家法爰劳既殚先图□□□□昌融益闻来绪永期丕赞用席隆庥

皇帝制曰扬名显亲为子者愿以令德归之父考绩褒贤教孝者宜以高爵作之忠是用推恩特申休命尔赠□□□□拜他喇布勒哈番兵部理事官又赠通议大夫拜他喇布勒哈番兵部种马场理事官黄噶乃拜他喇布勒哈番兵部种马场理事官加一级吴达哈之父义方有训式榖无惭念尔嗣之勤劳既克家而报国□尔□□□□□锡类以昭仁兹以覃恩赠尔为资政大夫拜他喇布勒哈番兵部种马场理事官加一级锡之诰命於戏教诲尔子永勿忝于家声聿修厥德尚无负于国恩钦承宠命慰尔幽灵

制曰国体劳臣必溯源沛泽家崇喆胤爰归善于厥生盛典维新壸愈著尔拜他喇布勒哈番兵部种马场理事官加一级吴达哈母封太恭人又赠淑人纳喇氏帏范克端胎教□身教之先慈训惟□□□□□能劳□□□宜貤封用昭母德慈以覃恩赠尔为夫人於戏子情罔极感顾复而敦孝国纶普被念劬劳以跻荣□□□勤褒其遗范

顺治拾□年叁月初拾　日　　孝子兵部种马场理事官加一级吴达哈立

39. 赠资政大夫副都统图达理及妻夫人觉罗氏墓碑

赠资政大夫副都统图达理及夫人觉罗氏之墓

40. 一等精奇尼哈番吴礼堪墓碑

（碑阳）

（诰赠光禄大夫内大臣）加一级吴礼堪之碑

□□□年尽忠致命效力行间获膺爵秩恒思所以报父母之劬劳克副乎扬名后世之意复遇□赠□为光禄大夫内大臣加一级赠母赫色里氏为一品夫人则勒之贞珉敢或缓欤当开创之初余□□□□□□□厉筋绝齿折伤□徧体伤痕□□勤劳得晋斯职余于击辽东南首山兵时前进击之又口各处追哨兵击散后斩杀甚众征董奎□□时探□众险□逃人踪迹□八固山□一□□前去先追及敌兵后众到齐击战首先杀进取宁远未克回兵时汉兵追尾而来埋伏击败之攻□□克时有敌□□余斩马兵十人将我差人一名生擒掳去追及俱杀之救回差人又散谈牛录下一人用刀刺伤二人竟奔太祖宫殿郎行擒之初征朝鲜国后有二卓尔壁带领蒙古兵丁九十七名并妇女逃遁追及俱杀之初次征北京□□之日击三庄营兵时先众杀入击败之又至北京之日与袁都堂兵对战时前伤未愈率巴牙喇纛先入击战后二次征北京时前去北京埋伏遇七百敌兵直击至城下败之□自□平前去埋伏遇五百马兵直击至城下败之又往北京埋伏遇黑副将兵击败之诱引祖总兵下一千马兵前来同围尔（格）苏纳击败之自卢沟桥往良乡进发遇马兵直击至步兵营前败之又遵化二十一人来探我兵斩杀十七人生擒四人后宁远马兵自城突出击战时先众独入斩杀□□□满城壕又良马山埋伏阿硕苏尔德被敌兵追来从傍邀击斩杀甚多填满壕堑征锦州时锦州松山六千兵出城击战时首率杀入获其□□□□三次围锦州击松山马兵时□敌击败之二次遇北京征山东时于丰润县击范军门一千兵时率噶布世贤章京四员击败之击入□□□□□□□左翼噶布世贤将步兵三队击败之擒其副将一员又击赵军门兵时率两固山噶布世贤击败之击吴总兵官兵时率八固山噶布世贤□□□□海县有范军门兵来探我营同吴赖率两固山噶布世贤击败之擒其游击一员定鼎燕京入山海关之日击流贼二十万兵时同英右尔代将马□兵对阵击败之各追流贼至庆都县击战时率本固山击败之后追滕机时同护国公□克达率兵一千穷追至吴礼雅素泰河边斩其哈尔哈布□图泰济又击图谢图汉兵时率本固山巴牙喇及阿力哈超哈首先杀入协助预王因世功劳绩各处征讨督兵效力中伤甚多故特荷升擢及□□（缘事）尽革所有世职后以皇恩复给还阵功所得一等精奇尼哈番世袭罔替如前念余起自布衣获膺崇秩皆我先考勤于训诲暨我先妣劳于鞠育之恩也敢不勉□孝思以显父母之教育于后世哉

大清国康熙元年九月吉日

长子光禄大夫内大臣加壹级壹等精奇尼哈番吴拜

第肆子光禄大夫内大臣加壹级壹等阿思哈尼哈番统管虾员苏拜

第伍子资政大夫郎中加壹级拜他喇布勒哈番又壹拖以喇哈番头等虾品级詹代敬立

（碑阴满文略）

41. 三等精奇尼哈番一等下纳穆生格墓碑

三等精奇尼哈番一等下阵亡谥直勇纳穆生格碑文

稽古建业驱策群力不吝爵赏以劝有功昭示后世用垂不朽所以励忠盖甚备也尔纳穆生格系多尔机之弟伊兄曾有战功尔承袭兄职勿替家声为一等下小心匪懈克守厥职迨征福建时尔御敌冲锋捐躯报国可谓始终尽瘁者矣朕甚嘉焉特命勒诸贞珉以光泉壤国典臣忠庶其昭垂毋斁哉

康熙二年十二月二十二日立

42. 二等伯郎苏诰封碑

（碑阳）

奉天承运皇帝制曰国家思创业之隆当崇报功之典人臣建辅运之绩宜施锡爵之恩此激劝之宏规诚古今之通义尔二等伯郎苏性资端亮才识宏通简侍禁廷恪慎无惭于职守宣劳左右夙夜克矢乎寅恭任用有年小心益励服官匪懈历试能勤欣兹庆典之逢宜沛恩纶之宠爰颁新命以示褒嘉兹以覃恩特授尔阶光禄大夫锡之诰命於戏推恩申命爰弘奖于忠贞树德懋勋尚益勤于笃棐祗服朕命勉尽乃心

康熙九年五月初六日

（碑阴满文汉译）

子二等伯班第　骑都尉留任一年云骑尉加二等牛录章京苏库里　牛录章京巴图

43. 二等伯郎苏谕祭碑

维康熙二十五年五月十一日皇帝遣礼部左侍郎木成格谕祭休致二等伯郎苏之灵曰鞠躬尽瘁臣子之芳踪恤死报勤国家之盛典尔郎苏赋性纯良居心敬慎初承父职继守官常方冀遐龄忽尔告终朕用悼焉特颁祭葬用展哀悰呜呼宠锡重垆庶享匪躬之报名垂信史聿昭不朽之荣尔如有知尚其歆享

44. 领侍卫内大臣二等伯前锋统领兼佐领巴图诰封文谕祭文合璧碑

（碑阳右）

奉天承运皇帝制曰疏庸有典分五等以建官懋赏维功申九命而作伯不有殊常之锡曷彰列爵之荣尔领侍卫内大臣二等伯前锋统领佐领巴图间气风钟壮猷克劭力能卫国允推樽组之材忘功臣时无忝旂常之烈既洊加以显秩乃益励夫小心貂蝉以答贤劳载诸册府鼎钟而彰盛事焕在宗枋庆典忻逢新恩益沛兹以覃恩特授尔阶光禄大夫锡之诰命於戏躬圭表端非徒组绶之光华鹄印生辉益展经营之远略尚图后效毋替前勋

（碑阳左）

康熙四十三年七月十五日皇上遣礼部侍郎邵穆布致祭正黄旗管侍卫内大臣前锋统领兼二等伯佐领巴图之文曰鞠躬尽瘁人臣之美迹恤亡酬劳国家之盛典巴图资禀纯笃擢为内大臣谨慎供职方期遐昌倏然长逝朕深哀悼特颁祭祀之典以表轸念之诚呜呼泽施黄壤惟报黾勉之劳名裕清篇以旌不朽之烈如其有知来格来歆

（碑阴满文汉译）

康熙四十六年五月二十三日立　孝女那拉氏　长子二等伯马兰泰　次子窝兰泰

45. 内大臣二等阿思哈尼哈番鄂齐尔墓碑

内大臣二等阿思哈尼哈番谥勤恪鄂齐尔碑文

稽古建业驱策群力不吝爵赏以劝有功昭示后世用传不朽所以励忠盖甚备也尔鄂齐尔袭父职

三等阿思哈尼哈番天下大定升为二等阿思哈尼哈番念尔生行端良才能敏练擢任管虾内大臣尔能敬慎尽职益著勤劳于其殁也朕甚悼焉特命勒诸贞珉光及泉壤国典臣忠庶其昭垂毋斁哉

顺治十五年十二月二十二日立

46. 一等阿达哈哈番下傅达礼墓碑

一等阿达哈哈番下谥忠烈傅达礼碑文

朕惟贞臣之谊罔恤其身然亦服劳尽瘁已耳若乃宫车抱痛恋主捐躯稽诸载籍罕见其人尔傅达礼备位扈从勤劳夙著当皇考世祖皇帝上宾之时感念深恩不惜以身殉侍推尔之诚将追随在天之灵长依左右可谓竭忠致命之死靡他者矣朕每眷山陵辄怀风烈特授一等阿达哈哈番锡之祭葬谥曰忠烈勒之贞珉以旌一心之谊国典臣忠庶并垂无斁哉

康熙二年五月二十五日立

47. 赠达海为光禄大夫内阁大学士诰封碑

（碑阳）

光禄大夫内阁大学士谥文成讳达海之碑

（碑阴）

康熙四年岁次乙巳孟夏丁卯穀旦

内□察院学士加一级孝男常格　参领刑部郎中加一级孝孙禅布　协领加一级孝孙□□□谨立

48. 三等阿达哈哈番巴克式达海墓碑

谥文成达海巴克式碑文

稽古兴朝必有贤良之臣生则荣以高爵殁则锡以丰碑所以劝忠盖甚备也尔达海巴克式赋姿明敏学业弘深太祖高皇帝开创之初简畀机要太宗文皇帝庶务初定之时仰体圣德辅助奇功小心尽职嗣将满书十二篇增添圈点又于五篇内合汉音添著满字历相两朝勋名丕著翻译经史昭示群伦文治聿兴典章允备朕追念前徽嘉尔德行特赐谥曰文成勒诸贞珉以光泉壤庶隆德报功之典用垂不朽哉

康熙玖年肆月拾柒日立

49. 副都统浑进墓碑

呜呼此先夫副都统谥壮勤公……

（太宗）皇帝□□□恩授□将佐追世祖（皇）帝定鼎燕京竭□报□□立□功厥后统领大兵进取……□□闻之□（恻）然□□壮□呜呼先夫可谓……朝廷□朝廷□所以□□□□綦隆且厚矣先夫讳浑进生于甲辰年八月初

康熙四年二月□八日（立）

50. 特授驻防孝陵掌关防郎中拖沙喇哈番穆成格为资政大夫诰封碑

皇清诰封资政大夫驻防孝陵掌关防郎中拖沙剌哈番加一级穆公碑

奉天承运皇帝制曰褒忠表义昭代之良规崇德报功圣王之令典特颁恩命以奖勤劳尔驻防孝陵掌关防郎中拖沙喇哈番加一级穆成格性资端谨才识宏通俾掌关防郎中恪慎无斁于职守宣劳政务夙夜克矢夫寅恭任用有年小心益励崇阶洊陟历试能勤欣慈庆典之逢宜沛恩纶之宠兹以覃恩特授尔阶资政大夫锡之诰命於戏恩推自近乃弘奖夫崇阶业广惟勤尚克承夫宠锡钦予时命励尔嘉猷初任壮大品级内司库二任拖沙喇哈番品级内司库三任内官监员外郎四任拖沙喇哈番照旧员外郎五任加一级六任掌关防郎中七任今职

康熙六年十一月二十六日

51. 奉天等处地方副都统辛泰孝思碑

国家覃恩令典施及臣子□推本□生荣光被泉壤匪仅褒忠亦将以教孝也由是仰荷□仁追念先烈当益思子职之无忝而臣心之匪懈矣其天语表章荣于华衮永言孝思□兹来许礼也辛泰等躬逢圣□叼列朝班皆赖先人教训之所贻於戏今际□大典对扬□□使世德弥彰□勤克著谨将纶音勒之贞石树之墓表焉

康熙六年三月□□八日吉时

孝□□□奉天等处地方副都统辛泰□□　荫生南达海　席吉红　银光　重孙阿达哈哈番阿玉石等敬立

52. 特授户部掌印郎中色黑为资政大夫诰封碑

奉天承运皇帝制曰褒忠表义昭代之良规崇德报功圣王之令典特颁恩命以奖勤劳尔户部掌印郎中加一级色黑性资端谨才识宏通佐理计部□慎无斁于职守宣劳政务夙夜克矢乎寅恭任用有年小心益励崇阶洊陟历试能勤欣兹庆典之逢宜沛恩纶之宠兹以覃恩特授尔阶资政大夫锡之诰命於戏恩推自近乃弘奖夫崇阶业广惟勤尚克承夫宠锡钦予时命励尔嘉猷初任内翰林国史院检讨二任本院编修三任加一级四任本院侍读五任兵部员外郎六任户部郎中七任今职

康熙六年十一月二十六日

53. 原任刑部尚书都察院左都御史尼满家族诰封碑

盖闻兴朝隆开创之典宠及臣邻子孙念奕叶之传美扬先德尼满凉薄阶荣敢谓基从比始诒谋裕□□□□泽自前深维我曾祖新膺纶绰伊我大父重沐褒封逮及显考诰敕三承教孝作忠无忘贻德之报率形式穀永垂史册之光尼满仰承前泽滥厕崇班荷圣主之□恩荣施四世矢微臣之翊戴报及后昆敬勒贞珉□之勿替

康熙七年季春月初二吉旦

礼部尚书管左侍郎事晚生王熙谨书

54. 大清封赠特进光禄大夫管下内大臣一等阿达哈哈番管佐领加一级雅士塔墓碑

（碑阳）

大清封赠特进光禄大夫管下内大臣一等阿达哈哈番管佐领加一级雅士塔墓碑

（碑阴）

康熙八年三月吉日特进光禄大夫管下内大臣一等阿达哈哈番管佐领加一级孝男□福谨立

55. 诰赠资政大夫镇守山西陕西固山大穆尔太墓碑（碑阴为诰封碑）

（碑阳）

诰赠资政大夫镇守山西陕西固山大穆

凡为人臣者受国家宠遇殊恩必镂载于金石将以上昭朝廷之仁而下表先人之烈也予显考资政大夫赋性明敏制行忠直既娴武略复嗜文辞守己洁清治家勤俭孝以事长和以抚幼礼以事上恩以恤下所至之地则福集其躬所遇之人则群沾其泽屡亲履乎戎行辄奋力而克捷不幸于康熙元年三月二十六日以疾终于家未几遇恩诏诰封资政大夫不孝薄德之人幸荷主知备员农部皆赖先大夫福泽垂裕及式训燕贻之力每一追溯本源辄为五中崩裂而当隆恩下被之时先大夫又已不及身见言念及此真不禁恫乎有余悲也君恩罔极亲恩罔极敢不备纪封谥及先大夫行事大略敬勒丰碑垂诸奕世以俾子孙绳绳效法乎

谨康熙八年四月吉旦　孝子户部员外郎加一级苏赫德金成

（碑阴）

奉天承运皇帝制曰褒忠表义昭代之良规崇德报功圣王之令典特颁恩命以奖勤劳尔甲喇章京品级西安府固山大穆尔太莅事能勤持心克谨爰膺任使洊列官阶克殚敬慎之心遂著勤劳之绩驭下有法奉职无愆庆典欣逢新纶用赉兹以覃恩特授尔阶通议大夫锡之诰命於戏恩推自近乃弘奖夫崇阶业广惟勤尚克承夫宠锡钦予时命励尔嘉猷初任郭齐哈摆牙喇壮大二任三等下三任下壮大四任二等下照旧下壮大五任拖沙喇哈番品级六任兵部副理官七任陕西全省固山大八任今职。

顺治十四年三月初十日

56. 特授三等阿达哈哈番管佐领前锋统领法尔纳为资政大夫赠妻沙克察氏封继妻他他喇氏为夫人诰封碑

奉天承运皇帝制曰朕惟尚德崇功国家之大典输忠尽职臣子之常经古圣帝明王戡乱以武致治以文朕钦承往制甄进贤能特设文武勋阶以彰激劝受兹任者必忠以立身仁以抚众智以察微防奸御侮机无暇时能此则荣及前人福延后嗣而身家永康矣敬之勿怠法尔纳尔原系壮达破流贼灭福王平定江南时于□□□山上敌兵尔同昂阿昂邦败之击潼关山巅马兵尔同昂阿昂邦败之于潼关埋伏前锋之日初击流贼兵尔同昂阿昂邦败之□日击流贼兵时尔同昂阿昂邦败之于潼关击流贼马兵尔同俄芍昂阿昂邦败之往江宁府时敌兵二千当路截战尔同昂阿昂邦击败之于句容县贼步兵二千当路截战尔同昂阿昂邦击败之至杭州府之日击方总兵马士英兵尔同阿迩山图奈败之嘉兴府敌兵出城来犯尔同敦多击败之关厢敌兵来犯尔同韩代击败之嘉兴府敌兵水陆来犯尔同固纳代击败之初平

定福建往分水关时击隘口据立贼兵尔率本固山前锋兵□击分水关守边敌兵一千尔同俄芍败之于分水关击曹总兵兵尔同俄芍敦多败之入分水关后击敌兵一千尔同俄芍敦多败之往江西时于饶州府击洪总兵马步兵一千二百尔率本固山兵败之击桐梓渡河据立敌兵一千尔同哈迩塔喇败之击饶州府迎战敌兵尔同哈迩塔喇武孙巴朗败之攻饶州府时尔同孟格固禄穆齐□□云梯攻克其城贼首王得仁金声桓马步兵三次来犯正白旗壕堑汛地尔同纛章京博迩惠击败之贼首王得仁马步兵来犯镶黄旗壕堑汛地尔同纛章京博迩惠击败之故授为拖沙喇哈番顺治七年十月二十二日天下大定仿古圣王之制上圣母昭圣慈寿皇太后尊号礼成由拖沙喇哈番升为拜他喇布勒哈番大婚礼成亦仿古制加上圣母昭圣慈寿皇太后为昭圣慈寿恭简皇太后尊号礼成由拜他喇布勒哈番加一拖沙喇哈番世袭罔替顺治九年正月二十六日后出征贵州由船回兵时正值海贼郑成功等侵取镇江瓜州来犯江宁贼兵二万余众坐船百余只摆列江上拒战用船击战时尔率本旗一千甲士对敌击败之获船二只又贼兵三万余众登岸击贼时尔率本甲喇对敌击败之又贼兵万余向山移营击战时尔率左翼击败之又贼兵十万余众于山上摆列红衣炮鸟枪挨牌拒战击战时尔率本甲喇步行对敌击败之故由拜他喇布勒哈番加一拖沙喇哈番升为三等阿达哈哈番世袭罔替如前

顺治十七年七月初八日

奉天承运皇帝制曰褒忠表义昭代之良规崇德报功圣王之令典特颁恩命以奖勤劳尔拜牙喇参领三等阿达哈哈番加一级法尔纳性资端谨才识宏通俾掌参领恪慎无惭于职守宣劳政务夙夜克矢乎寅恭任用有年小心益励崇阶洊陟历试能勤欣兹庆典之逢宜沛恩纶之宠兹以覃恩特授尔阶资政大夫锡之诰命於戏恩推自近乃弘奖夫崇阶业广惟勤尚克承夫宠锡钦予时命励尔嘉猷初任壮尼大二任拖沙喇哈番三任拜他喇布勒哈番四任拜牙喇参领五任拜他喇布勒哈番又一拖沙喇哈番六任加一级照旧拜他喇布勒哈番又一拖沙喇哈番七任三等阿达哈哈番加一级八任拜牙喇参领三等阿达哈哈番加一级九任今职三等阿达哈哈番加一级管佐领前锋统领

制曰夙夜维勤人臣宁遑内顾伉俪无忝国常岂靳隆施锡章服以酬勋念壸仪之媲美尔拜牙喇参领三等阿达哈哈番加一级法尔纳妻沙克察氏克勤内德宜尔室家眷良臣靖共之猷赖淑女匡襄之助爰褒令范式沛新纶兹以覃恩赠尔为夫人於戏敬尔有官肃闺门而合好职思其内尚黾勉以同心祗服殊恩用昭壸德

制曰宜家无妇劳臣不免于顾内之忧继室有人盛朝应恤其相夫之德何分先后并贲褒纶尔拜牙喇参领三等阿达哈哈番加一级法尔纳继妻他他喇氏嗣操壸政克相夫纲帏有前徽既见和柔合德廷中再命用彰黾勉同心兹以覃恩封尔为夫人於戏内则是娴允垂光于青史令仪不忒宜加愍丁深闺尚克钦承以昭宠命

康熙九年五月初六日

(碑阴满文略)

57. 赠阿山为通议大夫诰封碑

奉天承运皇帝制曰扬名显亲为子者愿以令德归之父考绩褒贤教孝者宜以高爵作之忠是用推恩特申休命尔阿山义方有训式榖无惭念尔嗣之勤劳既克家而报国俾尔泽之昌大爰锡类以昭仁兹以覃恩赠尔为通议大夫工部郎中佐领锡之诰命於戏教诲尔子永勿忝于家声聿修厥德尚无负于国

恩钦承宠命慰尔幽灵

大清康熙九年五月初六日

58. 授一等伯内大臣索尼为一等公诰封碑

皇帝制曰朕惟尚德崇功国家之大典输忠尽职臣子之常经古圣帝明王戡乱以武致治以文朕亲承往制甄进贤能特设文武勋阶以彰激劝受兹任者必忠以立身仁以抚众智以察微防奸御侮机无暇时能此则荣及前人福延后嗣而身家永康矣敬之勿怠索尼尔原为一等蝦授吏部啟心郎三年考察以尔有才能加授拜他喇布勒哈番尔父部色榜什从哈答国首先投诚击介樊兵时尔于本甲喇前杀入又征董夔时先一日敌兵列阵以待尔即同众蝦击败袭尾随追俘获甚众次日蒙古两据山巅尔同谭太招服一处仍有一处未服遂攻取之攻锦州未下时锦州以兵千余护取大凌河眷属尔仅同二十余人追杀至锦州城下多有斩获往看宁远城時城内敌兵突出尔當先冲殺直至壕边初征北京时遇袁巡抚兵來敌我左翼尔与和硕肃親王前當先杀入敌众绕围尔教王横冲遂突围而出复于王前转战杀至城下斩杀甚众围大凌河时锦州突出敌兵追我前锋尔于父皇前当先冲入直抵敌兵步营复斩杀之征大同时尔率包牛彔兵杀败敌众拔取山城台堡九载考察部中一应事务尔能任职果断宣力王事殚厥忠诚嘉尔故由拜他喇布勒哈番超升为三等阿思哈尼哈番崇德八年十二月二十二日后底定燕京考核群臣功绩父皇太宗文皇帝宾天国势抢攘无主宗室昆弟各肆行作乱争窥大宝尔重念父皇恩遇坚持忠贞之心不惜性命戮力皇家同叔和硕郑亲王扶立朕躬秉忠义以定国难因尔忠义之臣故由三等阿思哈尼哈番超升为二等京奇尼哈番顺治二年二月二十八日后墨勒根王心怀篡夺知尔必为朕死实南存留以计遣祀昭陵随无故削职即安置彼处朕亲政之后知尔无辜召回仍授为二等京奇尼哈番天下统一爰倣古圣王之制上圣母尊号昭圣慈寿皇太后礼成由二等京奇尼哈番超升为三等伯世袭罔替大婚礼成亦倣古制加上圣母昭圣慈寿皇太后为昭圣慈寿恭简皇太后尊号礼成以尔忠义之臣由三等伯超升为一等伯世袭罔替如前若犯通谋他国及忌嫉诸王貝勒之事以法正罪其余错误罪过免死二次顺治九年正月二十六日后索尼尔在太祖高皇帝时授为内院黽勉効力在太宗文皇帝时任以内外大事悉能果断殫厥忠诚及太宗文皇帝宾天抢攘之际重念皇祖恩遇坚持忠貞之心不惜性命克勤皇家在世祖章皇帝时亦任以内外大事竭尽纯笃皇考世祖章皇帝宾天时以其勋旧大臣夙秉忠貞堪受重讬遗诏俾令辅政乃恪遵顾命毕殚忠忱夙夜靖共厥绩茂焉历事累朝毕殚忠忱又辅理政务劳绩深為可嘉將尔所得一等伯外授為一等公世袭罔替

康熙六年四月三十日

（碑阴）

议政内大臣加一级总管□（大）臣下员长男噶布喇

保和殿大学士兼户部尚书三男索额图

一等下加一级管下状达四男科尔坤

内大臣一等伯加一级五男心裕

内大臣一等公太子少师六男法宝

大清康熙拾年岁次辛亥仲春吉旦立石

59. 一等伯内大臣索尼撰保安禅寺记碑

（碑阳）

保安禅寺碑记

辅政大臣索尼撰

京师为首善地古刹如林指不胜屈历唐宋元明以来有名存而寺毁者有寺存而荒芜不可□者□□□□盛衰□因人而兴废我国家定鼎燕都仁风翔恰凡僧寮梵宇，不改旧观宛平县治之西有义利寺建于有元至正间缁流义伟能明祖印卓锡于此其徒智存精通释典于大藏全经能记诵其半人遂以半藏呼之因称为半藏寺予尝过寺中见元时遗碣□存字句残缺而载智存之宏畅宗义远涉名区接引群流讲明经律亦一代法门之龙象也寺中幅员最广僧徒亦繁迨明初建都士庶鳞集官衢民舍实逼处此而寺之所存盖几于尽矣其幸而未毁者由于嘉靖万历时再经修葺然亦仅免沦废已耳及今岁月愈深殿宇倾颓门庑偏僻地势卑隘风雨萧然苟任其废兴非惟神圣失栖而寺僧之明德几于坠予慨然作创并劝诸善信共成胜事一时闻风鼓舞乐输不倦者踵接于是鸠林庀工尽撤而新之培殿基正寺门塑神佛诸像缭以崇垣绘以丹漆苾刍有舍斋庖得次百尔器具咸给于用雕甍采栋焕然一新矣是役也始于我皇上即位之康熙元年夏越次年春乃告成焉吾闻佛法广大常能利益众生慧日慈云遍满法界凡施一椽一栋皆能长养功德滋培福慧况今藉众善力广种福田使沙门日居其中六时禅诵祜国庇民以弘慈愿则凡我乐施善侣夙有良因而种善根者其获福□有涯量哉遂更义利寺名曰保安志所愿也故镌石记其事

大清康熙三年三月吉旦立。

（碑阴）

一等伯加一级内大臣　索尼

□□太子太保和硕额驸 吴应熊

□□□□ 耿聚忠

□□□□ 尚之隆

□□□太子太保和硕额驸 耿精忠

□□□太子太保□□ 尚之信

多罗额驸 张绍忠

太傅兼太子太师前内翰林秘书院掌院事大学士加一级　范文程

少傅兼太子太傅内国史院大学士 宁完我

多罗机昂邦 孙延龄

一等金钦（精奇）尼哈番加一级 祖泽洪

正黄旗汉军都统 张天福

汉军都统 李□竟

一等金钦（精奇）尼哈番兼拖沙拉哈番 祖植松

户部尚书 宁古礼

金钦（精奇）尼哈番加一级 张应庚

（以下略）

（碑阴略）

60. 皇清诰赠（正一品）光禄大夫牛录章京一等伯总理朝内事务内大臣加议政大臣特黑讷及妻一品夫人纳喇氏墓碑（碑阴为诰封碑附索尼恭勒碑记）

（碑阳）

正一品

皇清诰赠（正一品）光禄大夫牛录章京一等伯总理朝内事务内大臣加议政大臣特黑讷一品夫人纳喇氏之碑

顺治拾叁年肆月吉旦曾孙内大臣一等伯索尼立

（碑阴）

曾孙内大臣正□□（一品）□□□索尼□□□□□□□衣仰赖祖□□□备□□□朝致（躬）忘□□侍太宗皇帝戳力疆场誓秉忠诚深蒙太（宗皇）帝洞鉴不弃微劳屡被显擢（迨）皇上定鼎燕京协侍左右谬承股肱心膂辅弼之任尼感戴天恩矢竭忠贞不有比周乱党有□臣节荷蒙皇上睿鉴褒嘉谓尼克尽忠义治定国□诚为忠□恩纶又覃恩三世曾祖父母祖父母父母感膺宠赠此皆祖宗积福之所致也尼何人斯被兹恩遇敢不对扬天子之休命寿之贞珉以为奕世光荣恭奉皇纶勒之石碑用垂永久庶子子孙孙世笃忠贞报君恩于弗替恭立曾祖父母石碑勒记于诰命之前

奉天承运皇帝制曰兴朝开创之业端藉元勋良臣辅弼之材寔资世德式遵令典用沛洪恩尔特黑讷乃一品伯总理朝内事务内大臣兼掌牛录加议政大臣索尼之曾祖父□□深支茂盖积德干乃躬故发祥于奕世曾孙有庆惟尔之休兹以覃恩赠尔为光禄大夫牛录章京一等伯总理朝内事务内大臣加议政大臣赐之诰命□□□□一庥嵩洊至□传始大荷帝眷之方来尚其钦承式佑尔后

制曰德隆宗佑于开国为崇功恩及曾闱于承家为异数庸预宠命以著殊休尔一品伯总理朝内事务内大臣兼掌牛录加议政大大臣索尼曾祖母纳喇氏庆□曾孙□流四世重帏□德乃启后人溯水求之深长用恩荣之远被兹以覃恩赠尔为一品夫人於戏徽音邈矣佑祚胤而克昌宠贶恭然保昭融于无斁传之永远服此休祯

61. 皇清诰赠（正一品）光禄大夫牛录章京一等伯总理朝内事务内大臣加议政大臣扈世穆及妻一品夫人纳喇氏墓碑（碑阴为诰封碑附索尼恭勒碑记）

（碑阳）

正一品

皇清诰赠（正一品）光禄大夫牛录章京一等伯总理朝内事务内大臣加议政大臣扈世穆正一品夫人纳喇氏之（碑）

顺治拾叁年肆月吉日　孙内大臣一等伯索尼立

（碑阴）

孙男内大臣正一品伯索尼恭勒碑记

尼石布衣仰赖祖宗余泽备员熙朝致身□家近侍太宗皇帝戮力疆场誓秉忠诚深蒙太宗皇帝洞

鉴不弃微劳屡被显擢追皇上定鼎燕京协侍左右谬承股肱心膂辅弼之任尼感戴天恩矢竭忠贞不有比周乱党有□臣节荷蒙皇上睿鉴褒嘉谓尼克（尽忠义治定国□诚为忠□）恩纶又覃恩三世曾祖父母祖父母父母咸膺宠赠此皆祖宗积福之所致也尼何人斯被兹□恩遇敢不对扬天子之休命寿之（贞珉以为奕世光荣恭奉）皇纶勒之石碑用垂永久庶子子孙孙世笃忠贞报君恩（于弗替）恭立祖父母（石碑）（勒）记于诰命之前

奉天承运皇帝制曰贻厥孙谋忠荩职世传之泽绳其祖武恩荣□□□之休忠厚之□攸存（激）□□□□□□（扈世）穆乃一等伯总理朝内事务内大臣加议政大臣……贻谋臣启乃孙传至再世克勤王家褒宠之恩宜及大父□□□恩赠尔为光禄（大夫）牛录章京一等伯总理朝内事务内大臣加议政大臣锡之诰命□□之报崇□特晋用昭宠锡之恩奕代垂休九原如在

制曰孝子之念王母情无（异）于□□□□之奖劳臣□并隆于祖列爰沛貤封之命用慰报本之怀尔一等伯总理朝内事务内大臣加议政大臣索尼祖母纳□□再世乃孙袭庆□懋国家嘉□□□□□褒宠兹以覃恩赠尔为一品夫人於戏章服式賁沛介锡于大母纶綍宠□保昌隆于百祀永承家庆以妥幽灵

62. 皇清诰封光禄大夫世袭一等伯赫摄里氏索心裕圹志碑

皇清诰封光禄大夫世袭一等伯加四级赫摄里氏索心裕圹志

光禄大夫总理提督銮仪卫掌卫一应事物管御前侍卫内大臣都统议政大臣掌银库事管佐领世袭一等伯加四级赫摄里氏索心裕乃康熙辅政大臣诰封光禄大夫一等公谥文忠公讳索尼诰封一品光禄夫人关氏之五子也寿五十有五卒于康熙四十五年八月初三日以次年四月十九日葬德胜门外祖阡之次

元配诰封一品光禄夫人关氏父御前一等侍卫世袭一等阿达哈哈关姓讳傅达礼志秉忠节慷慨尽命随世祖章皇帝山陵母诰封一品夫人官代夫人其长女也以父御前一等侍卫世袭一等阿达哈哈番傅达礼忠节故太皇太后训育之与公主等赐与如之夫人十二来归事舅姑春秋二十有九卒于康熙二十一年十一月十四日子六其长子诰封资政大夫武备院掌印正堂御前二等侍卫兼侍（卫）状达管佐领加三级盛德次子太学生显德三子御前侍值管佐领加一级明德四子御前侍值辉德五子都稜额六子令德以次年二月十八日葬

继妻皇清诰封一品光禄夫人宗室觉罗氏曾祖清巴兔力多罗贝勒祖刑部尚书古山贝子讳乌达□父宗人府左堂世袭镇国公谥纯公讳陀克陀辉母诰封镇国公夫人佟氏夫人其一女也年十七来归春秋四十有八卒于康熙五十五年正月十二日子一马哈达以是年闰三月十二日葬

康熙五十五年闰三月十三日立石

63. 清故淑女黑舍里氏圹志铭碑

清故淑女黑舍里氏圹志铭

淑女黑舍里氏法名众圣保皇清光禄大夫辅政大臣一等公文忠索公一品夫人佟佳氏孙女光禄大夫太子太傅户部尚书保和殿大学士愚庵索公一品夫人佟氏长女也生而聪慧三四岁俨若成人至性温纯动与礼合事祖母父母孝敬不违咸谓异日必贵而多福也岂料迍邅忽遘疹疾时淑女犹跪祷神前愿保稚年以慰抚育至意虽古之娴习四教者不能及已何天不祐遽而玉殒祖母父母俱痛惜悯悼不

能自己因择吉壤以妥之淑女年仅七龄生于康熙戊申年七月十三日卒于甲寅年十二月二十七日今乙卯四月廿一日葬于德胜门外之新阡铭曰

煌煌灵芝淑气所钟既秀而茁遽殒霜风玉折珠沉魂迈莫从有鹤嘹唳有树郁葱千秋永世常护幽宫

国子监祭酒沈荃撰文并书丹

候补侍读冯源济篆额

长沙府通判刘源填朱

康熙十四年四月二十一日立石

64. 诰封中宪大夫防守尉哈尔布及妻觉罗氏墓碑

公讳哈尔布武祖氏其先混同江人也公生而骁健膂力绝人年十六从太祖起兵建阳威震行阵崇德元年授骁骑校从破杏松等处有功世祖章皇帝定鼎燕京从取齐梁收秦晋下江平浙闽定滇黔俱最以功升防尉寻增一秩封中宪大夫人谓公累著伟绩当晋崇阶膺上赏颇为公少之公顾怡然未尝一语及劳伐也康熙元年年登六衮即思止足之义引年致仕朝廷给与禄养终身亦异数也公生而简重寡言笑遇事有可否则侃侃正论虽权贵无少屈逊性好施见人窘穷辄捐赀周济略无吝色内外宗及所知之贫者咸待公举火教子弟以敦实行立风节敬公忘私为主每过庭必加训厉不以贤贵故宽其程督悬车后终日正襟危坐不问外务卓有古大臣风康熙六年以子贵封光禄大夫都察院左副都御史十年九月以疾终享年七十元配觉罗氏幼娴内则贤淑有礼蚤□归公克尽妇道国初公以王事驰驱疆场不暇问家计夫人躬操臼井经理有法家以殷赡公得无内顾之忧性尤嗜文墨立家孰延名师以教诸子督无间宵昼以故诸子多以科名□业显于时以子贵赠一品太夫人享年六十康熙四年寻以十年合葬于京西南之水头庄子男六长勒雷张家口笔帖式哈番次勒布壬辰进士兵部侍郎次恩吉图乙未进士兵部员外次达乎理工部员外郎次戴明安甲午举人工部郎中次达尔布乙未进士山西巡抚女四俱适望族孙男十六孙女十三鸣呼国家以得人兴而人才之际会甚难益有宣力效策幸附日月而罔克终者矣以公之勤劬挞伐足迹几遍天下乃福智兼优功成身退先后享太平者二十余载考终令闻何其盛耶夫积厚者流光理无差僭自贞元气合弈叶蝉紫者固自不乏然□其子若孙多而贵贵而贤元凯师济聚美一堂微公之贻谋垂裕以大其发抒无能如是之颀然而骈昌也易曰积善有余庆公之谓矣鸣呼公可以不朽矣予谨述其梗概以告后世云

经筵日讲官起居注翰林院掌院学士兼礼部侍郎教习庶吉士熊赐履顿首拜撰

65. 特授镇守奉天等处将军达都为光禄大夫赠妻觉罗氏封继妻佟佳氏为一品夫人诰封碑（碑阴为墓碑）

（碑阳）

奉天承运皇帝制曰国家思创业之隆当崇报功之典人臣建辅运之绩宜施锡爵之恩此激劝之弘规诚古今之通义尔镇守奉天等处将军加一级达都性资端谨才识宏俾掌将军恪慎无惭于职守宣劳政务夙夜克矢乎寅恭任用有年小心益励崇阶荐陟历试能勤欣兹庆典之逢宜沛恩纶之宠爰颁新命以示褒嘉兹以覃恩特授尔阶光禄大夫锡之诰命於戏推恩申命爰弘奖于忠贞树德懋勋尚益勤于笃棐祇服朕命勉尽乃心初任□□二任工部郎中三任授拖沙喇哈番照旧郎中四任授拜他喇布勒哈番

照旧郎中五任加一级六任奉天副都统七任奉天将军八任今职

制曰作朕股肱良臣所以矢夙夜厘尔女士内则亦以效勗勷休命用申壶仪维懋尔镇守奉天等处将军加一级达都妻觉罗氏相夫克谐宜家著范尔夫恪勤尽职藉尔黾勉同心内则既娴褒纶宜锡兹以覃恩赠尔为一品夫人於戏眷此勤劳之佐久藉同心嘉尔贞顺之贤载颁异数幽灵不昧佩此明纶

制曰人臣宣劳于外宁恤其家朝廷代体其心均从乎贵爰申宠命以奖令仪尔镇守奉天等处将军加一级达都继妻佟佳氏嗣相尔夫克著令仪踵彼前徽彰兹合德内则无忝并锡褒纶兹以覃恩封尔为一品夫人於戏显命特颁用表宜家之范小心是式益勤内助之贤永相尔夫用谐予治

康熙六年十一月二十六日撰　康熙十年六月吉日立

（碑阴）

皇清诰赠光禄大夫镇守奉天等处将军加一级达都之碑

66. 诰授光禄大夫拜他喇布勒哈番兵部左侍郎石图谕祭碑（碑阴为诰封碑）

（碑阳）

康熙九年九月初五日皇帝遣太常寺卿加二级口护口谕祭（漫漶不清）尔石图性行纯良才能称职方冀遐龄（漫漶不清）

康熙十年十二月立

（碑阴）

奉天承运皇帝制曰国家思创业之隆当崇报功之典人臣建辅运之绩宜施锡爵之恩此激劝之宏规诚古今之通义尔拜他拉布勒哈番兵部左侍郎加二级石图性资端谨才识宏通佐理枢谟恪慎无斵于职守宣劳政务夙夜克矢乎寅恭任用有年小心益励崇阶洊陟历试能勤欣兹庆典之逢宜沛恩纶之宠爰颁新命以示褒嘉兹以覃恩特授尔阶光禄大夫锡之诰命於戏推恩申命爰弘奖于忠贞树德懋勋尚益勤于笃棐祗服朕命勉尽乃心初任内翰林国史院侍读二任本院侍读学士三任拖沙喇哈番照旧侍读学士四任拜他拉布勒哈番照旧侍读学士五任工部启心郎六任内翰林弘文院学士七任兵部右侍郎八任今职

顺治十四年三月初十日

67. 特授法衣丹尼哈番头等下胡尔哈为资政大夫诰封碑

奉天承运皇帝制曰褒忠表义昭代之良规崇德报功圣王之令典特颁恩命以奖勤劳尔头等下加一级胡尔哈持心克谨任事能勤仕从王仪服劳藩第朝夕匪懈指使无违既以旧劳晋膺显秩复逢盛典宜被新荣爰焕宠章益资效力兹以覃恩特授尔阶资政大夫锡之诰命於戏恩推自近乃弘奖夫崇阶广惟勤尚克承夫宠锡钦予时命励尔嘉猷初任六品法衣丹尼哈番二任四品法衣丹尼哈番三任加一级四任头等下五任今职

康熙拾壹年六月初十日　妻鲁氏立

68. 特授三等阿达哈哈番下壮大黑白昂邦博博尔代为资政大夫诰封碑（碑阴为墓碑）

（碑阳）

皇清诰封资政大夫三等阿达哈哈番护卫壮大议政大臣加一级博公碑

奉天承运皇帝制曰褒忠表义昭代之良规崇德报功圣王之令典特颁恩命以奖勤劳尔三等阿达哈哈番下壮大黑白昂邦博博尔代持心克谨任事能勤侍从王仪服劳藩第朝夕匪懈指使无违既以旧劳晋膺显秩复逢盛典宜被新荣爰焕宠章益资效力兹以覃恩特授尔阶资政大夫锡之诰命於戏恩推自近乃弘奖夫崇阶业广惟勤尚克承夫宠锡钦予时命励尔嘉猷初任二等下二任下壮大照旧二等下三任一等下四任拜他喇布勒哈番照旧一等下五任拜他喇布勒哈番又一拖沙喇哈番照旧一等下六任三等阿达哈哈番黑白昂邦七任今职

顺治十四年三月初十日

（碑阴）

皇清诰封资政大夫三等阿达哈哈番护卫壮大议政大臣加一级博公碑阴文

朝廷优遇功臣生则崇阶世秩以宠之殁则赐金营葬以卹之所以表有功彰有德也我府君资政大夫赋性忠耿秉资明锐提戎具有勇略服职昭其敬慎筮仕二等护卫当和硕郑亲王奉天子命南征北讨殄灭锦州松山杏山塔山我府君屡从戎行著有劳绩复在王左右殚心启沃以功加授一等侍卫为护卫长复晋拜他喇布勒哈番顺治五年睿王摄政时以我府君脱卸郑亲王罪不以实供削世职夺护卫爵欣逢世祖章皇帝躬亲大政王白前冤遂复原职未几上皇太后尊号加一拖沙喇哈番大婚礼成加上皇太后尊号授为三等阿达哈哈番得与议政之列十四年恭遇覃恩加一级晋阶资政大夫追赠三代不幸于康熙十年七月十五日以疾捐馆舍享年六十有三所司具闻蒙加恩恤赐营葬呜呼朝廷宠遇功臣恩至渥矣某以谫劣滥竽父职敢不表章彰国家盛典与先人骏烈俾子孙效法以示后世敬书纶綍于墓表复述懿行梗概识之碑阴用垂不朽云

康熙十二年五月吉旦

孝男三等阿达哈哈番加一级索龙七品官色棂遏谨立

69. 户部尚书海望墓碑

原任户部尚书海望碑文

夙夜宣勤臣子靖共之义哀荣展礼国家优恤之恩温纶诞贲于重泉贞石长垂于奕祀尔太子少保内大臣户部尚书海望持躬慎密奉职寅恭六材筦天府之司才堪经国九赋领地官之秩式足齐民繁剧承劳精敏或逾于少壮均平佐治典型端藉夫老成闻溘逝以怆怀考彝章而加厚易名勤恪赐勒丰碑於戏掌邦计者二十年人惟求旧励臣劳于千万载敬尔在公式焕鸿庥永昭恩命

乾隆二十年十一月初四日

70. 赠驻扎昭陵掌关防参领品级佟爱之父海色为资政大夫母纳喇氏为夫人诰命碑

奉天承运皇帝制曰扬名显亲为子者愿以令德归之父考绩褒贤教孝者宜以高爵作之忠是用推恩特申休命尔□（海）色乃驻扎昭陵掌关防参领品级加一级佟爱之父义方有训式穀无惭念尔嗣

之勤劳既克家而报国俾尔泽之昌大爰锡类以昭仁兹以覃恩赠尔为资政大夫驻扎昭陵掌关防参领品级加一级锡之诰命於戏教诲尔子永勿忝于家声聿修厥德尚无负于国恩钦承宠命慰尔幽灵

制曰国体劳臣必溯流而沛泽家崇喆胤爰归善于厥生盛典维新壶仪愈著尔驻扎昭陵掌关防参领品级加一级佟爱母纳喇氏帏范克端胎教居身教之先慈训惟勤能爱在能劳之后宜沛貤封用昭母德兹以覃恩赠尔为夫人於戏子情罔极感顾复而敦孝国纶普被念劬劳以蹠荣嘉乃恩勤褒其遗范

康熙十二年岁次癸丑七月二十八日

驻扎昭陵掌关防参领品级加一级孝男佟爱　六品官加三级孝男尼善敬立

71. 皇清诰封光禄大夫海色偕妻诰封一品夫人那氏神道碑

皇清诰封光禄大夫海公偕妻诰封一品夫人那氏神道碑

诰封光禄大夫海公偕元配封一品夫人既合葬后其子都察院左副都御史多公告于子曰人子之道莫大于显亲扬名子幸蒙先人余泽列官于朝惟是先大夫幽宫墓门之侧宜有辞以叙其本末敢请为文以记之余窃闻大易有言积善之家必有余庆盖源远者其流斯长本固者其枝则茂此古今之通义也多公之曾祖父讳图襄阿祖父讳萨穆哈父讳海色皆以多公之秩封光禄大夫曾祖母巴氏祖母郗氏母那氏皆封一品夫人世有令德克昌厥后海公孝友笃诚慈爱忠悫居家克俭克勤与人以信以和乡里姻戚皆仰其醇厚之德夫人那氏以温庄恭俭佐之盛德所毓笃生伟人今多公历任度支兼辖禁旅皆以清勤敏练著闻特擢副宪为台班之长又为内大臣总领内府事务三代纶封褒荣极盛皆海公及夫人义方之训有以大启其家而衍长其泽也安可不敬铭贞石以昭垂无斁哉铭曰

佳城郁郁松栝苍苍以安以妥前德用光惟昔闻人迪诲有方崇阶屡锡纶綍炳煌芝根醴源久而逾芳蕃衍子姓长发其祥

康熙三十二年癸酉冬之吉

经筵日讲官起居注礼部尚书兼管翰林院詹事府事加二级张英顿首拜撰

72. 赠户部尚书海望之父留住祖父多弼曾祖父海色为光禄大夫封母赵氏赠祖母赵氏继祖母夫刹氏曾祖母那氏继曾祖母查鲁忒氏为一品夫人诰封碑

奉天承运皇帝制曰位列崇阶作忠由于移孝业隆严训资父所以事君念兹堂构之贻厥有丝纶之贲尔内大臣户部尚书兼内务府总管海望之父留住躬裕懿修世推淳德泽流弓冶裕家学于庭帏庆衍门闾亮天工于邦国兹以覃恩赠尔为光禄大夫内大臣户部尚书兼内务府总管尔内大臣户部尚书兼内务府总管海望之母赵氏名成令善质秉柔嘉七诫早娴流徽声于妇职三迁足法著慈教于乡材兹以覃恩封尔为一品夫人於戏一经迪后世传报国之忱七命沾恩益著象贤之美钦承休宠丕佑来昆

皇帝制曰朕厥孙谋令德克传为家范服乃祖训殊恩用锡夫天章尔内大臣户部尚书兼内务府总管海望之祖父原任都察院左副都御史兼内务府总管多弼德能垂后业足开先积行累仁越再传而滋大流光笃庆历三世而弥昌兹以覃恩赠尔为为光禄大夫内大臣户部尚书兼内务府总管尔内大臣户部尚书兼内务府总管海望之祖母赵氏继祖母夫刹氏阃仪克备流风垂女史之规门作弥昌介福食孙谋之报兹以覃恩赠尔为一品夫人於戏源远流长实启造家之泽根深枝茂益昭报国之猷宠綍钦承幽光用显

皇帝制曰盛代酬庸之典中锡命于五章良臣报本之荣极推恩于四世尔内大臣户部尚书兼内务

府总管海望之曾祖父原任员外郎海色善以开先业能昌后一经垂教发诗书之菁华奕世贻休表弓裘之矩获兹以覃恩赠尔为光禄大夫内大臣户部尚书兼内务府总管尔内大臣户部尚书兼内务府总管海望之曾祖母那氏继曾祖母查鲁忒氏矩法娴明夙协宜家之化风规表著式昭启后之模兹以覃恩赠尔为一品夫人於戏秩崇报渥邀宠泽于中朝源远流长树风声于来祀钦承显命用阐幽光

时乾隆十一年岁次丙寅五月榖旦

73. 皇清诰赠光禄大夫内大臣户部尚书兼内务府总管留住诰封一品夫人觉罗氏太夫人墓表碑

皇清诰赠光禄大夫内大臣户部尚书兼内务府总管显考留公诰封一品夫人显妣觉罗氏太夫人墓表

……闻□未尽职惟赖显妣追述……型朝五提命俾用足罕□敬惕恪守先业未敢失坠忆望年二十九时从入边塞为侍卫雍正元年世宗宪皇帝殊恩抬置上旗以主事调用任事未及四月即任员外郎四年升郎中八年升授内务府总管兼理户部三库事务九年在军机处行走特授内大臣兼户部左侍郎十三年九月恭逢上皇上龙飞□极……理事务旋以□锡显考光禄大夫显妣一品夫人十月……户部尚书兼内大臣十二月再蒙笔恩旨封如前乾隆二年四月以泰陵工竣后袭一云骑尉十二月以恩加太子少保九月显妣寝疾屡蒙皇上恩赐医药调理及殁□承恩命遣大臣奠祭于六年十二月之吉合葬于……龙王堂光……东卒年九十有加呜呼显考忠孝承矢贻谋裕后显妣仁慈御下若志抚孤以望之薄德鲜能而得以黾勉供职邀累朝获载之恩旨……修纪与我……不忘云

乾隆十一年丙寅月榖旦

太子少保议政大臣内大臣户部尚书兼内务府总管兼理户部三库事务佐领云骑尉又一云骑尉加二级纪录四次男海望敬表　工部员外郎加一级孙衡位书丹

74. 加赠太保原任协办大学士户部尚书一等武毅谋勇公兆惠墓碑

加赠太保原任协办大学士户部尚书一等武毅谋勇公兆惠碑文

朕惟臣子翊赞宏猷导扬武烈出建荡平之绩入彰尽瘁之忱生则图麟阁以酬庸殁则锡宠章而表伐用光懿典以纪成劳尔加赠太保原任协办大学士户部尚书一等武毅谋勇公兆惠夙秉干材蔚为人杰始则回翔郎署已积年资继乃敭历卿曹洊加显擢朕简孚俊乂图任贤良时给扎于纶扉用参机要迨司金画省兼掌度支洎乎西域归诚逆酋拒命殿前聚米策已定于丸泥帐外陈筹势尚稽夫破竹初膺简命出济转输屡协师贞遂专阃寄尔惟仰承庙筭密运文运戎韬诸部风靡慑金城之回众重围月晕顿黑水之孤军每当露布星弛羽书麇至欣览遥传之封事适符先定之成谟用是入险能夷以寡制众玉河洗甲葱岭投戈奏大凯以策殊勋领司农而综国计封崇五等位进中台载史馆之丹青用彰丕绩绘云台之冠剑式表英风地近三霄既恩施之罔替谊孚一德正倚卑之方殷胡为遽陨大星俄悲朝露悼此匪躬之节终始不渝嘉兹任事之劳哀荣备至爰班典命锡谥文襄所以焕此功宗昭兹来许也呜呼勤穹碑于月窟天方昭拓土之勋溯象冢于祁连表墓重褒庸之典光兹泉壤以蔚幽悰宜尔后人敬承休命

乾隆二十九年十二月二十五日

75. 乾隆帝郊劳出征将军兆惠富德及诸将士礼成纪事御笔诗碑

京县郊南亲劳园坛陈櫜谢成勋出师本意聊尝试西陲之役始以厄鲁特诸台吉率众款附请兵甚

力我喀尔喀牧圉势不可以错处滋患无宁及其锋而偏师尝试特计因其地以抚之故祃旗命将之典概未举行语具乙亥告成碑记兹准夷既平而回中诸部以次戡定实荷上苍宗社鸿庥非敢谓先时逆睹及此也奏凯今朝备礼文释甲弢戈罢征伐论功行赏荣忠勤膝前抱见询经历国朝旧制凡出征将领成功还者行抱膝跪见礼以示优异今即道行一瞬五年戚以欣同心万里那暌违毕竟欢言赋采薇勇将归来画福将黻衣著得解戎衣漫称偃武修文日恐即嬉文恬武机饮至宁诗畅和乐持盈益厥慎几微

庚辰二月廿七日郊劳出征将军兆惠富德及诸将士礼成纪事　乾隆御笔（印章）

76. 镶红旗护军参领鄂苏墓碑

镶红旗护军参领鄂苏之墓

康熙十三年八月吉旦立

77. 特授包衣佐领穆哈达为通议大夫赠嫡妻王秦氏封继妻宜尔根觉罗氏为淑人诰封碑（碑阴为墓碑）

（碑阳）

奉天承运皇帝制曰褒忠表义昭代之良规崇德报功圣王之令典尔穆哈达夙具干才授职效用俾管佐领之任克殚敬慎之猷驭下有法奉职无愆兹以覃恩特授尔阶通议大夫锡之诰命钦予时命励尔嘉猷

制曰夙夜维勤人臣宁遑内顾伉俪无忝国常岂靳隆施尔穆哈达嫡妻王秦氏克勤内德宜尔室家眷良臣靖共之猷赖淑女匡襄之助兹以覃恩赠尔为淑人祇服殊恩用昭壸德

制曰宜家无妇劳臣不免于顾内之忧继室有人盛朝应恤其相夫之德何分先后穆哈达继妻宜尔根觉罗氏嗣操壸政克相夫纲帏有前徽既见和柔合德廷申同心黾勉兹以覃恩封尔为淑人尚克钦承以昭宠命

顺治十四年三月初十日

（碑阴）

皇清诰封通议大夫包衣佐领加二级穆公碑

呜呼口为父子胪列其先人功德而铭之金石以志不忘者表以上昭皇仁而□扬先烈之况先人建从龙翼运之勋膺宠锡之典而不传诸久远垂示后裔无乃非子职乎我显考生平劳绩不能殚述兹将举其梗概言之我显考赋性忠直状貌奇伟夙娴韬钤勇而能谋当太宗文皇帝式廓疆宇时即披坚持锐效力行间朝鲜之役攻光山安州诸城□冒矢石奋勇先登虽手被□创尤歼贼立功及围锦州攻遵化复先□阵裹创克敌沙河之役贼兵出城突战奋勇直前对垒败之迨世祖章皇帝时从和硕豫亲王追滕金之寇途遇喀尔喀硕雷汗之□率本佐领兵对垒败之复遇喀尔喀□突围之众击败之既立军功复累遇□恩授包衣佐领加二级进阶通议大夫追赠三代不幸于康熙十一年十月十六日以疾捐馆舍享年六十有八呜呼□延之优遇功臣可谓至矣翁峨代以谫劣荷先人福德贻□□包衣佐领本木水源敢忘所□故□泪而辑其生平如此庶世世子孙追惟祖武报国传家永失斁云尔

康熙十四年四月初九吉旦

参领佐领加一级孝长男翁峨代　　八品官孝次男梁式□敬立

78. 大清国敕封光禄大夫镇守陕西西安等处地方将军三等精奇尼哈番傅夸蝉墓碑

大清国敕封光禄大夫镇守陕西西安等处地方将军三等精奇尼哈番加一级傅公之碑

奉天承运皇帝制曰国家思创业之隆当崇报功之典人臣建辅运之绩宜施锡爵之恩此激劝之宏规诚古今之通义尔傅夸蝉性资端谨才识宏通俾掌将军恪慎无惭于职守宣劳政务夙夜克矢乎寅恭任用有年小心益励崇阶洊陟历试能勤宜沛恩纶之宠爰颁新命以示褒嘉兹特授阶光禄大夫於戏推恩申命爰弘奖于忠贞树德懋勋初任壮尼大次袭父一等阿达哈哈番管佐领兼郎中参领历遇恩诏加升一等阿思哈尼哈番又升镇守西安等处地方将军驻防西安府出征耀州时贼首郭真君刘文秉率兵排阵拒敌时击败之生擒贼首刘文秉杀死郭真君闻贼首卫天命率千余贼兵屯扎随遣官兵击败之生擒贼首卫天命杀贼五百余众出征甘州等处造反困守河州城时将自外来援马步贼尔遣官兵击败之杀贼千余招抚河州城将贼首王大弘杀遣发官兵招抚高山贼兵又遣发官兵前去凉州城招抚困甘州城时将突出运草贼兵尔率官兵击败之杀贼四百有余又上千贼兵自城突出来犯时随遣官兵败之杀贼二百有余攻甘州城时尔分派官兵用云梯攻取其城闻伪督堂刘永祚率千余贼兵困驻韩城随遣官兵击败之杀贼千余闻三水华县地方有贼首刘弘才随遣官兵前去击败之生擒贼首刘弘才又杀贼千余进剿四川湖广贼郝摇旗等尔遣副都统杜敏提督郑蛟麟追至黄草坪地方贼伪益国公郝摇旗率所属贼排阵拒敌时击败之生擒贼首郝摇旗又贼伪靖国公袁宗第率所属贼拒敌时击败之生擒贼首袁宗第伪部院洪育鳌及贼妇人孩子千余并伪印敕俱获招抚贼伪总兵官一十四人七千余官兵生擒伪王朱盛蒗得获伪印关防敕扎嘉尔优升为三等精奇尼哈番世袭罔替如前先考康熙十一年（有误）以老疾奏请致仕于康熙八年（有误）三月二十七日奄逝享年六十有三讣音上闻蒙遣光禄寺卿额生格谕祭朝廷之恩纶宠锡不可泯灭显考生平之懿行懋绩亦宜昭垂勒诸贞珉俾传之亿世云

康熙十四年九月吉日

孝男三等精奇尼哈番穆成格　工部正四品员外郎辛柱等谨立

79. 皇清诰赠通议大夫佐领家沙喇妻淑人吴渣喇氏墓碑

皇清诰赠通议大夫佐领加一级家沙喇妻淑人吴渣喇氏之墓

康熙十六年二月十八日立

80. 赠东京拜他喇布勒哈番品级穆清格之父贾努为中宪大夫母佟佳氏为恭人敕封碑

奉天承运皇帝制曰扬名显亲为子者愿以令德归之父考绩褒贤教孝者宜以高爵作之忠是用推恩特申休命尔贾努乃东京拜他喇布勒哈番品级加一级穆清格之父义方有训式谷无渐念尔嗣之勤劳既克家而报国俾尔泽之昌大爰锡类以昭仁兹以覃恩赠尔为通议（中宪）大夫拜他喇布勒哈番品级加一级锡之诰命於戏教诲尔子永勿添于家声聿修厥德尚无负于国恩钦承宠命慰尔幽灵

制曰国体劳臣必溯源而沛泽家崇喆胤爰归善于厥生盛典维新壸仪愈著尔东京拜他喇布勒哈番品级加一级穆清格母佟佳氏帏范克端胎教居身教之先慈训惟勤能爱在能劳之后宜沛貤封用昭母德兹以覃恩赠尔为淑人於戏子情罔极感顾复而敦孝国纶普被念劬劳以毓荣嘉乃恩勤褒其遗范

大清康熙拾陆年岁次丁巳孟冬吉旦立

81. 赠山海关三品城守尉穆清格之父渣努为通议大夫母佟佳氏为淑人诰封碑

奉天承运皇帝制曰国家推恩而锡类臣子懋德以图功懿典攸存忱恂宜勖尔东京驻箚拜他喇布勒哈番衔渣努持心克谨任事惟勤俾典厥司特加任用奉公匪懈尽职靡愆庆典欣逢宜加新命兹以覃恩特授尔阶中宪大夫锡之诰命於戏式弘车服之庸用励显扬之志尚钦荣命益矢嘉猷初任管牛录二任今职尔乃山海关三品城守尉穆清格之父兹以覃恩赠尔为通议大夫山海关三品城守尉锡之诰命於戏教诲尔子永勿忝于家声聿修厥德尚无懈于国恩钦承宠命慰尔幽灵

制曰靖共尔位良臣既效其勤黾勉同心淑女宜从其贵尔东京驻箚拜他喇布勒哈番衔渣努妻佟佳氏克娴内则能贞顺以宜家载考国常应褒嘉以锡宠兹以覃恩赠尔为恭人於戏敬为德聚实以儆戒以相成恩与义均岂以存亡而异视尔山海关三品城守尉穆清格之母兹以覃恩赠尔为淑人於戏子情罔极感顾复而敦孝国纶普被念劬劳以蹠荣嘉乃恩勤褒其遗范

大清康熙二十七年岁次戊辰孟秋中浣

男富岱率孙　吴海　吴尔禅　吴独立　吴临泰　吴继来　吴马尔太等谨沐勒石

82. 赠山海关三品城守尉穆清格之父渣努为通议大夫母佟佳氏为淑人满文诰封碑（乌苏氏茔园）

（碑文与汉文碑相同）

83. 原任山海关三品城守尉穆清格初设乌苏氏茔园祭田碑

（碑阳）

尝闻天经地义之垂孝居百行之首是以水源木本之思人有同情况祖德昌盛而子孙能不继其享祀之礼乎余高祖穆清格富岱巴尔柱等追远先人之德宜展时祀之报因而备立祭田坟丁以隆祀事迄于今世远年湮恐前古已渺而后望无凭兹有遗规可据旧迹堪考吾等谨承先人之志觅石鸠工后将祭田坟丁数目仍旧书丹刻石立于茔园之所使世世子孙保之勿替云尔

嘉庆十七年十月初一日　曾孙沙丙阿　富昌　达三布补立

（碑阴）

仅将祭田坟丁开列于左

穆清格名下祭田册地七十二日坐落在辽阳正兰旗界孙家寨处于乾隆十五年被水冲去二十日于乾隆十九年拨补在辽（阳）正红旗界单家庄子处地二十日

吴尔柱名下后人祭田册地十六日坐落在辽（阳）正白旗界城处一户坟丁徐文礼子徐自恭

吴东海名下祭田册地三十五日坐落在辽（阳）正兰旗界孙家寨处于乾隆十五年被水冲去地二日于乾隆十九年间拨补辽阳正红旗界内单家庄子处地二日

吴继来应分地一百三十七日无处可归公同入为祭田

吴海名下祭田册地二十三日坐落在辽阳正白旗界内东京城处

七十六名下祭田册地三十七日坐落在辽阳正红旗界地单家庄子处

六十名下祭田册地七十二日坐落在辽阳正红旗界内单家庄子处

虎儿名下祭田册地八日坐落在辽（阳）正红旗界内地胡家窝棚处

一户坟丁丁玉成　子丁美

索柱名下祭田册地三十二日坐落在辽（阳）正兰旗界孙家寨处于乾隆十五年被水冲去地二日后拨补地辽（阳）正红旗界内地单家庄子处二日

一户坟丁袁兴　子袁成恭

84. 康熙帝钦赐镇守宁古塔等处将军巴海旌绩御笔诗碑（碑阴为巴海诰封碑）

（碑阳）

镇守宁古塔等处将军巴海丰沛旧臣疆场重寄宣威布德招徕远人朕甚嘉焉爰赐篇章以旌乃绩

夙简威名将略雄高牙坐镇海云东旌麾到处销兵气壁垒开时壮武功尽使版图归化日远教边徼被皇风酬勋世锡丹书重勉尔长思报国忠

康熙戊午孟夏日书

（碑阴）

奉天承运皇帝制曰朕惟尚德崇功国家之大典输忠荩职臣子之常经古圣帝明王戡乱以武致治以文朕钦承往制甄进贤能特设文武勋阶以彰激劝受兹任者必忠以立身仁以抚众智以察微防奸御侮机无暇时能此则荣及前人福延后嗣而身家永康矣敬之勿怠巴海尔原系白身将军出征罗察时遣副都统海格攻罗察所居之慕罗察乘船败逃获得罗察妇女等领官兵追败逃罗察船至海内监战击败之剿罗察贼兵五十有余将贼船俱□招抚非牙哈国黑□国祁勒礼国一百二十一户又出征罗察时罗察五只船兵在乌喇崖剳立遣佐领参慕奇伦马喇等将贼剿之将贼船俱□因招抚祁勒礼国非牙哈国九十四户授为拖沙喇哈番再准袭一次巴海将尔授为宁古塔等处将军莅任以来弹压岩疆展布猷略实心任事筹画周详允为称职又设法迁移查努喀等各□新满洲户口于宁古塔乌喇编为佐领安插咸令得所怀柔远人有俾军国殊属为可嘉自拖沙喇哈番优授为加一等阿达哈哈番兼一拖沙喇哈番再准袭七次

康熙十七年四月初九日

85. 皇清诰封光禄大夫原任镇守宁古塔等处将军议政大臣都统阿达哈哈番佐领巴海御祭碑（碑阴诰封碑）

（碑阳）

皇清诰封光禄大夫赐进士及第原任镇守宁古塔等处将军议政大臣都统阿达哈哈番佐领巴公御祭文

康熙三十五年三月初三日皇帝遣礼部郎中加一级董务礼祭故议政大臣蒙古都统兼三等阿达哈哈番佐领巴海之灵曰鞠躬尽瘁臣子之芳踪恤死报勤国家之盛典尔巴海性行纯良才能称职方冀遐龄忽闻长逝朕用悼焉特颁祭葬以慰幽魂呜呼宠锡重垆庶沐匪躬之报名垂信史聿昭不朽之荣尔如有知尚克歆飨

康熙三十六年岁次丁丑孟夏穀旦长男四哥敬立

（碑阴）

奉天承运皇帝制曰麟阁酬勋首重统戎之寄龙牙建绩允资上将之材既专制乎一军宜申锡以三命尔议政大臣镶蓝旗都统阿达哈哈番佐领巴海訏谟经远器识超群夙裕韬钤载协丈人之吉勤抒筹

策克彰元老之猷勒部曲以严明□扬禁旅秉旌麾而整暇望峻中权惟居重以驭经爰推恩而锡福欣逢庆典用畀光荣兹以覃恩封尔光禄大夫锡之诰命於戏疏爵抵功天语特宣夫凤诰扬休拜命臣心益励□鹰扬崇奖钦承嘉猷勿替初任内阁笔帖式二任他赤哈哈番三任赐进士及第辅政皇叔和硕郑亲王教习四任王府教习又兼佐领五任经筵讲官侍读学士仍兼佐领六任宁古塔昂邦章京七任宁古塔将军拖沙喇哈番加一级八任将军头等阿达哈哈番又一拖沙喇哈番九任都统阿达哈哈番又兼佐领十任今职

制曰劳臣宣力爰高阀阅之□淑媛同心业佐干城之绩既相夫而克顺宜行庆以维均尔议政大夫镶蓝旗都统阿达哈哈番佐领巴海妻艾新觉罗氏允娴内则茂著壸仪居然女士之规却丹华而不御惟有丈夫之概勤告诫以相成佐尔良人为余爪士兹以覃恩封尔为一品夫人於戏肃雍表度笄珈之美咸宜贞静承恩袆翟之光有耀服于休命蔚为礼崇

康熙二十三年九月二十四日

86. 皇清诰赠光禄大夫盛京礼部侍郎三等阿达哈哈番塔尔禅墓碑（碑阴为诰封碑）

（碑阳）

皇清诰赠光禄大夫盛京礼部侍郎三等阿达哈哈番塔公之墓

康熙拾柒年拾月日

仲男七品官苏赖

冢男礼部侍郎哈尔松安长孙七品笔帖式德尔度吉旦立

季男七品笔帖式温泰

（碑阴）

奉天承运皇帝制曰父有令德子职务在显扬臣著贤劳国典必先推锡用申新命以表前休尔塔尔禅乃盛京礼部侍郎三等阿达哈哈番加一级哈尔松安之父持身有道迪之成名嘉于懋绩之臣实尔传家之嗣爰褒义训用赍恩荣兹以覃恩赠尔为光禄大夫盛京礼部侍郎三等阿达哈哈番加一级锡之诰命於戏率行式縠泽流青史之光教孝作忠荣耀紫纶之色永培厥后益庇昌隆哈尔松安生母纳喇氏继母马佳氏俱赠为一品夫人於戏颁爵用以荣亲褒忠因之教孝锡隆恩于不匮表嘉誉以来兹钦服锡纶用光泉壤

87. 光禄大夫太子少师前锋统领三等阿达哈哈番佐领胡里布诰封碑

皇清诰封光禄大夫太子少师前锋统领三等阿达哈哈番佐领加三级胡公碑

奉天承运皇帝制曰朕惟尚德崇功国家之大典输忠尽职臣子之常经古圣帝明王戡乱以武致治以文朕亲承往制甄进贤能特设文武勋阶以彰激劝受兹任者必忠以立身仁以抚众智以察微防奸御侮机无暇时能此则荣及前人福延后嗣而身家永康矣敬之勿怠胡理布尔原系白身前锋章京往折领口遇敌马步兵二百击败之三次围锦州时诱松山敌兵击败之击洪军门兵时尔踵寻□□机众虾之后前往遇敌兵两队倏王贝勒机尔丹□至合兵击败之□□大□边挖□围松山城第一日敌兵遁出尔率本固山前锋兵追至笔架山杀之杏山敌兵遁出追杀之洪军门兵马来犯尔率本固山前锋兵对阵击败之□□□马兵夜遁尔率本固山前锋兵沿海边追杀之英王驻□□□河边宁远马兵一千来探我前哨

而回尔追至连山杀之沙河所敌兵五百来□□□尔击败之口次过北京征山东时尔率前锋二十人遇白总兵兵来□□尔击败之征流贼时尔前往遇贼马兵五百击败之又驰围承天府获船八只贼马兵经趋□右□□锋兵立营之处尔率前锋兵击败之自承天府往追流贼遇贼马兵一千尔击败之又往□堂时遇贼马步兵千余追杀之又自九公山往寻贼踪遇贼马兵三百尔率前锋兵击败之又遣尔杀逃散贼兵遇贼马步兵三百击败之击流贼第二营兵尔率本固山前锋兵对阵败之又随处擒拨夜追哨骑生擒二十人斩杀二百八人故授为拖沙喇哈番太祖皇帝配祀上帝礼成升为拜他喇布勒哈番上圣母皇太后尊号礼成加一拖沙喇哈番□大婚礼成加上圣母尊号礼成升为三等阿达哈哈番世袭罔替

康熙十八年 月 日 孝男户部主事常命 三等阿达哈哈番刚元谨立

88. 乳公二等阿达哈哈番满笃里墓碑

乳公二等阿达哈哈番加二级谥良僖满笃里碑文

朕惟恩以报功国有钜典名以旌异代著休声尔满笃里赋性贞纯持家谨慎当皇考冲龄之日尔妻曾效乳哺之劳尔复能竭诚调护无懈忠勤及看守孝陵夙夜靖共乃溘焉遐逝深悼朕怀宜厚恩施用昭荣宠特颁祭葬谥以良僖勒之贞珉庶传尔绩于不朽哉

康熙拾捌年叁月拾玖日

89. 二等达哈哈番满笃里妻御赐佑圣夫人墓碑

御赐佑圣夫人碑文

国家念旧之典虽既远而不遗恤下之仁凡有勤而必录况夫祇承丹掖保育圣躬敬慎无愆温良懋著生既膺夫异数殁应被以殊荣褒赠优崇爰在今日尔佑圣夫人李嘉氏皇考世祖章皇帝之保姆也暑寒靡间日侍公宫启处不遑恒忘家事常殚心于夙夜早有誉于禁庭姆范既没而犹存国恩历久而加渥昨者恭谒园陵方深瞻慕尔子吁请弥切轸怀乃肇锡以嘉名更特颁之奠醊俾书碑碣用贲松楸呜呼邀国之宠劳不泯于当年为家之光庆且延于来叶俾永厥世毋忘其勤

康熙陆拾壹年贰月贰拾壹日建立

90. 特授护军参领兼拖沙喇哈番赛必汉为通议大夫诰封碑

奉天承运皇帝制曰玉帐谈兵特重鹰扬之选金符领重聿宣虎旅之威爰沛恩纶式昭懋绩尔护军参领兼拖沙喇哈番赛必汉素习戎韬深娴武略掌羽林之骑士纪律精严典兰锜之禁军简稽勤恪惟长城之是寄实保障之攸宜庆典新颁徽章用锡兹以覃恩特授尔阶通议大夫锡之诰命於戏国恩沾被益彰阀阅之成劳臣职靖共勉副宠绥之至意襄予大烈励尔壮猷

康熙二十年十二月二十四日立

91. 赠一等侍卫保德祖父洪库父傅喀为资政大夫祖母赵佳氏母杨氏为夫人诰封碑

奉天承运皇帝制曰德厚流光溯源之自始功多延赏锡褒宠以攸宜尔洪库乃一等侍卫保德之祖父性资醇茂行谊恪纯启门祚之繁昌廓韬钤之绪业兹以覃恩赠尔为资政大夫锡之诰命於戏三世声华实人伦之盛事五章服采洵天室之隆恩

制曰天朝行庆必推本于前徽家世贻谋遂承休于再世尔一等侍卫保德之祖母赵佳氏惠风肆好既比德于珩璜余庆绵延自邀恩于茀翟兹以覃恩赠尔为夫人於戏绶带轻裘挺孙枝之材武高文典册驰大母之显荣

制曰臣子靖共之谊勇战即为敬官朝廷敷锡之恩作忠乃以教孝尔傅喀乃一等侍卫保德之父令德克敦义方有训衍发祥之世绪蚤大门闾旌式穀之休风用光阀阅惟令子能娴戎略故茂典宜沛纶章兹以覃恩赠尔为资政大夫锡之诰命於戏显扬既遂壮猷一本于贻谋缔构方新殊锡永绥夫余庆钦予时命振尔家风

制曰臣能宣力爰劳固赖于严亲子克承家令善必由于慈母尔一等侍卫保德之母杨氏柔顺为仪贤明著范当弧矢悬门之日瑞应虎臣迨干城报国之年恩沾鸾诰兹以覃恩赠尔为夫人於戏贲翟车而焕采宠命祇承摛彤管而扬徽荣施勿替

大清雍正十三年九月初三日

原任御前一等侍卫兼营造司郎中赠内务府总管孙男保德遗命　孙男保兴敬立

92. 赠副都统头等阿达哈哈番佐领苏虎儿之父苏尔兑衣为光禄大夫诰封碑

奉天承运皇帝制曰父有令德子职务在显扬臣著贤劳国典必先推锡用申新命以表前休尔苏尔兑衣乃副都统头等阿达哈哈番加一级佐领苏虎儿之父持身有道迪子成名嘉予懋绩之臣实尔传家之嗣爰褒义训用贲恩荣兹以覃恩赠尔为光禄大夫副都统头等阿达哈哈番加一级佐领锡之诰命於戏率行式穀泽流青史之光教孝作忠荣耀紫纶之色永培厥后益庇昌隆

康熙二十一年六月吉旦立

93. 太子太傅都统三等公议政大臣吏部尚书中和殿大学士佐领赠少保仍兼太子太傅图海墓碑（碑阴为谕祭碑）

（碑阳）

太子太傅都统三等公议政大臣吏部尚书中和殿大学士佐领赠少保仍兼太子太傅谥文襄图海碑文

朕抚御方夏勤求治理维兹丞弼之臣协心毗赞绥靖邦家实倚赖焉尔图海秉资忠悫砥行端勤密勿周旋历有年所敬以事上诚以持躬渊鉴沉几克膺大任自为都统时尝平荆楚西山之乱还入纶扉赞襄匪懈乃逆贼吴三桂凭借宠灵煽动南服一时群不逞之徒嚣然附合察哈尔孤负国恩造衅构孽尔以将军副信郡王祗承庙算出关征讨肤功立奏东服底平继以泾原骚动西土震惊命尔为大将军以乘胜之师回戈西向贼方肆其狂蹶思与滇逆并力惟尔以重臣建牙遂得横截秦陇扼亢捣虚逆势穷蹙始帖耳垂尾复来效命迩年以来尔镇抚三秦威略大著能使群贼胆寒则凡天戈所指建耆定之成功者惟尔劳勚为多爵以上公俾之振旅方将复烦以机务与之讲持盈保泰之理共享隆平至治讵图勤瘁之余溘焉殒逝腹心失倚深用畫伤虽恩恤有加锡之嘉谥而朕轸悼元老之心则未有已也爰命伐石树之墓道使后有溯勋旧之烈者得以考焉

康熙二十二年五月初二日立

（碑阴）

皇帝遣经筵讲官礼部尚书加两级吴正治初次谕祭于太子太傅都统三等公议政大臣吏部尚书

中和殿大学士佐领谥文襄图海之灵曰代资贤辅嘉毗赞之功勋天夺良臣悲老成之凋丧殚猷为而效职身兼将相之才历中外以宣劳国念旗常之绩尔图海性资诚笃器识弘深竭股肱之良久勤政地奚爪牙之寄克奋戎行属者逆孽鸱张边庭豺构骋兵以关凭险而呼而仰奉庙谟用张天伐军行电迈令肃飚驰一鼓而朔塞销再驾而秦凉归命疆域底定师徒不烦眷乃肤功崇之显爵何期奄忽遽不整遗睹泰阶之方平怅台星之忽陨抚躬追旧益怆朕怀呜呼三锡龙章永流传于金石千秋麟阁长炳耀于丹青尔灵有知其钦承之

皇帝遣礼部尚书加五级帅颜保二次谕祭曰国家隆报功之典视亡如存朝廷笃念旧之情有加无已尔图海谟猷重地弼亮元臣服事累朝多历年所入参密勿出总戎行柱石之望攸归鼎钟之铭不没奄逝一旦昼痛奚穷呜呼泉壤沉冥良抱股肱之戚何河山巩固永彰带砺之荣展几筵庶其歆格

皇帝遣户部左侍郎加一级署理礼部事物额库礼三次谕祭曰临期思社稷之臣抚几切腹心之寄尔图海才德全备忠爱性成既有翼以有为复不矜而不伐成劳茂著报礼宜隆呜呼气炳日星嘉明良之既遇灵归乔岳缅飏拜以如存三锡牲牢用光原壤

康熙贰拾贰年伍月初贰日立

94. 特授太子太傅都统吏部尚书中和殿大学士一等阿思哈尼哈番管佐领图海为光禄大夫并封三等公赠妻宜尔根觉罗氏封继室钮胡禄氏为一品夫人诰封碑

奉天承运皇帝制曰国家思创业之隆当崇报功之典人臣建辅运之绩宜施锡爵之恩此激劝之宏规诚古今之通义尔太子太傅都统吏部尚书中和殿大学士一等阿思哈尼哈番管佐领加二级图海性资端谨才识宏通俾掌简晋恪慎无惭于职守宣劳政务夙夜克矢乎寅恭任用有年小心益励崇阶洊陟历试能勤欣兹庆典之逢宜沛恩纶之宠爰颁新命以示褒嘉兹以覃恩特授尔阶光禄大夫锡之诰命於戏推恩申命爰弘奖于忠贞树德懋勋尚益勤于笃棐祗服朕命勉尽乃心

制曰作朕股肱良臣所以矢夙夜鳌尔女士内则亦以效勗勷休命用申壶仪维懋尔太子太傅都统吏部尚书中和殿大学士一等阿思哈尼哈番管佐领加二级图海嫡妻宜尔根觉罗氏相夫克谐宜家著范尔夫恪勤尽职藉尔黾勉同心内则既娴褒纶宜锡兹以覃恩赠尔为一品夫人於戏眷此勤劳之佐久藉同心嘉尔贞顺之贤载颁异数幽灵不昧佩此明纶

制曰人臣宣劳于外宁恤其家朝廷代体其心均从乎贵爰申宠命以奖令仪尔太子太傅都统吏部尚书中和殿大学士一等阿思哈尼哈番管佐领加二级图海继妻钮胡禄氏嗣相尔夫克著令仪踵彼前徽彰兹合德内则无忝并锡褒纶兹以覃恩封尔为一品夫人於戏显命特颁用表宜家之范小心是式益勤内助之贤永相尔夫用谐予治

康熙拾伍年捌月贰拾陆日

皇帝制曰朕惟尚德崇功国家之大典输忠尽职臣子之常经古圣帝明王戡乱以武致治以文朕钦承往制甄进贤能特设文武勋阶以彰激劝受兹任者必忠以立身仁以抚众智以察微防奸御侮机无暇时能此则荣及前人福延后嗣而身家永康矣敬之勿怠图海尔原系虚衔都统大学士任尔机密之地谨慎勤敏又奉世祖皇帝特遣俞旨著用重地乃屡世效力大臣任于机密之地今念数年以来辅朕荩忠抒悃勤劳有著优升为一等阿达哈哈番康熙玖年拾壹月拾玖日后出征湖广山贼时看守营寨有贼三千余众夤夜从寨突出冲犯总兵官俞奋起之汛我官兵分头接杀击败之贼兵夜出冲犯总督李国英之汛

尔遣副都统黑叶等援剿击败之贼兵二千余众冲犯提督郑蛟麟之汛尔遣委署护军统领瓦岱等援剿战退之贼兵二千余众冲犯委署护军统领耿特巴图鲁夸兰大沙进达礼萨赖总兵官于大海之汛尔遣委署护军统领哈克山等援剿击败围困山寨贼首李来亨被迫身死将寨内官兵招诱尽杀得其山寨招诱贼伪新乐王一人伪将军一员伪总兵三员伪副将二员伪推官一员贼兵六十余众杀之得伪银印一颗又招降贼伪侯一员伪将军一员伪总兵四员大小伪官四百余员贼兵一千九百有奇家口三千余众得其山寨又发抚文招降贼伪公一员伪侯一员伪总兵副将参将等大小伪官五百四十有奇贼兵六千九百余众剿灭叛逆察哈尔布尔尼时在大鲁地方察哈尔布尔尼率三千余兵排齐鸟枪军器拒敌尔同多罗信郡王护军统领哈克山副都统吴诞洪世禄公议将八旗满洲蒙古鸟喇盛京二土墨特官兵排齐欲过山谷剿杀挨次前进忽从山沟突出一队二百余敌兵冲来击战时令护军统领哈克山副都统吴诞洪世禄委署前锋统领达克沙哈等将官兵分头拨派亲督指挥击败及迎来续敌四百余贼一并击败之察哈尔布尔尼三千余兵排齐鸟枪军器大设拒敌击战时尔同王护军统领哈克山副都统吴诞洪世禄公议将八旗满洲蒙古鸟喇盛京官兵排列整齐令护军统领哈克山副都统吴诞洪世禄委署前锋统领达克沙哈等分头拨派亲督指挥击败之察哈尔布尔尼将伊败兵复聚千余人会合伊百余鸟枪兵成队拒敌击战时尔同王护军统领哈克山副都统吴诞洪世禄公议将八旗官兵令护军统领哈克山副都统吴诞洪世禄委署前锋统领达克沙哈等复行分头拨派亲督指挥击败之察哈尔布尔尼将伊溃散二百余兵复行会合排列鸟枪军器在于岗上哨聚拒敌击战时尔同王护军统领哈克山副都统吴诞洪世禄公议将八旗官兵令护军统领哈克山副都统吴诞洪世禄委署前锋统领达克沙哈等复又分头拨派前进亲督指挥击杀之大获鸟枪盔甲军器又招抚余剩察哈尔一千三百余户带来嘉尔由二等阿达哈哈番优升为一等阿思哈尼哈番康熙拾肆年捌月初肆日图海尔器识老成才猷练达赞襄机务宣力累朝以文武之长才兼忠爱之至性劳绩懋著倚毗良殷前察哈尔布尔尼背恩反叛命图海为副将军统兵征剿运筹决胜克振军威未及一月捷功立奏逆贼歼灭疆圉敉宁近以平凉等处阻兵日久屡命剿抚罔有成效特简图海为大将军总统大兵节制各路果尔谋略渊深调度得宜军锋所至一战克捷更能体朕好生之心宣布恩威开诚招抚遂使平凉庆阳固原等处文武官员兵民人等倾心向化悔罪归诚生民免于涂炭地方得以安全数日之间关陇悉皆底定皆由筹画周详布置神速剿抚并用克建肤功图海以心膂大臣膺秉钺重寄实心为国克副倚任朕心深为嘉悦图海壮猷制胜剿抚兼施屡建大功克副倚任由一等阿思哈尼哈番从优封为三等公世袭罔替

（碑阴满文略）

95. 赠太子太傅都统吏部尚书中和殿大学士一等阿思哈尼哈番管佐领图海之曾祖父胡锡祖父噶哈纳父穆哈达为光禄大夫曾祖母觉罗氏祖母觉尔察氏母觉尔察氏为一品夫人诰封碑

（碑阳）

奉天承运皇帝制曰兴朝开创之业端藉元勋良臣辅弼之材实资世德式遵令典用沛洪恩尔胡锡乃太子太傅都统吏部尚书中和殿大学士一等阿思哈尼哈番管佐领加二级图海之曾祖父源远流长本深支茂盖积德于乃躬故发祥于奕世曾孙有庆惟尔之休兹以覃恩赠尔为光禄大夫太子太傅都统吏部尚书中和殿大学士一等阿思哈尼哈番管佐领加二级锡之诰命於戏一德交孚迓天休而洊至数传始大荷帝眷之方来尚其钦承式佑尔后

制曰德隆宗社于开国为崇功恩及曾闱于承家为异数庸颁崇命以著殊休尔太子太傅都统吏部尚书中和殿大学士一等阿思哈尼哈番管佐领加二级图海曾祖母觉罗氏庆衍曾孙徽流四世重帏培德乃启后人溯水木之深长用恩荣之远被兹以覃恩赠尔为一品夫人於戏徽音邈矣佑后嗣而克昌宠贶赫然保昭融于无斁传之永远服此休祯

奉天承运皇帝制曰贻厥孙谋忠荩识世传之泽绳其祖武恩荣昭上逮之休忠厚之道攸存激劝之典斯在尔噶哈纳乃太子太傅都统吏部尚书中和殿大学士一等阿思哈尼哈番管佐领加二级图海之祖父尔有贻谋以启乃孙传至再世克勤王家褒宠之恩宜及大父兹以覃恩赠尔为光禄大夫太子太傅都统吏部尚书中和殿大学士一等阿思哈尼哈番管佐领加二级锡之诰命於戏再世而昌无忘贻德之报崇阶特晋用昭宠锡之恩奕世垂休九原如在

制曰孝子之念王母情无异于慈帏兴朝之奖劳臣恩并隆于祖烈爰沛貤封之命用慰报本之怀尔太子太傅都统吏部尚书中和殿大学士一等阿思哈尼哈番管佐领加二级图海祖母觉尔察氏尔有贻恩迨于再世乃孙袭庆绩懋国家喜尔淑仪宜锡褒宠兹以覃恩赠尔为一品夫人於戏章服式赍沛介锡于大母纶綍宠颁保昌隆于百祀永承家庆以妥幽灵

奉天承运皇帝制曰父有令德子职务在显扬臣著贤劳国典必先推锡用申新命以表前休尔穆哈达乃太子太傅都统吏部尚书中和殿大学士一等阿思哈尼哈番管佐领加二级图海之父持身有道迪子成名嘉予懋绩之臣实尔传家之嗣爰褒义训用赍恩荣兹以覃恩赠尔为光禄大夫太子太傅都统吏部尚书中和殿大学士一等阿思哈尼哈番管佐领加二级锡之诰命於戏率行式縠泽流青史之光教孝作忠荣耀紫纶之色永培厥后益庇昌隆

制曰国家最重者惟是忠荩之臣家所由兴者以有劬劳之母特颁恩命用慰子情尔太子太傅都统吏部尚书中和殿大学士一等阿思哈尼哈番管佐领加二级图海母觉尔察氏慈能育子教可传家念兹靖共之猷实本恩勤之训母德既著渥典宜加兹以覃恩赠尔为一品夫人於戏颁爵用以荣亲褒忠因之教孝锡隆恩于不匮表嘉誉于来兹钦服宠纶用光泉壤

（碑阴满文略）

96. 特授光禄大夫三等公蒙古都统佐领诺敏为光禄大夫诰封碑

奉天承运皇帝制曰国重干城之选宣力惟人朝颁章服之荣酬庸有典爵首隆于五等命宜锡自九重尔三等公蒙古都统佐领诺敏性资忠勇器识宏通依日月之光华懋成劳于钟鼎际海山之清宴食旧德于旂常比晋秩夫崇阶益靖共于在位心存天室常抒捧日之忱贵列上公弥励循墙之节忻逢庆典式焕新纶兹以覃恩特授尔阶光禄大夫锡之诰命於戏懋乃嘉猷允称腹心之寄膺兹宠奖益彰阀阅之勋祇服训辞对扬休命初任三等侍卫二任二等侍卫下尼壮大加一级三任头等侍卫下尼壮大宜都厄真加一级四任散秩大臣五任散秩大臣三等公六任散秩大臣三等公佐领七任三等公佐领护军统领八任三等公佐领刑部尚书九任三等公佐领礼部尚书十任今职

康熙二十七年十月二十三日

97. 副都统拖沙喇哈番卜舒库墓碑

副都统拖沙喇哈番谥刚壮卜舒库碑文

朕惟国家于疆场勤事之臣畀之恩宠无间存殁以表壮猷而风有位尤必考其成绩锡以嘉名用备饰终之礼典綦重也尔卜舒库素娴韬略累立战功爰自偏裨擢为副帅属粤西逞乱禁旅徂征以尔熟练于戎行俾往助张乎挞伐不意宣猷未竟奄逝遽闻朕眷乃旧勋殊深轸悼念此驰驱之绩实推果敢之才概其生平谥曰刚壮於戏垂竹帛之芳名忠由贾勇著褒崇之大义典在旌劳申贲纶章勒之贞石有光幽壤不亦休欤

康熙贰拾叁年肆月贰拾叁日立

98. 特授镇守江宁等处地方将军一等阿达哈哈番额楚为光禄大夫汉文诰封碑

皇帝制曰国家思创业之隆当崇报功之典人臣建辅运之绩宜施锡爵之恩此诚古今之通义尔镇守江宁等处地方将军一等阿达哈哈番额楚性资端谨才识宏通俾掌简晋恪慎无慚于职守宣劳左右夙夜克矢乎寅恭任用有年小心益励服官匪懈历试能勤欣兹庆典以示褒嘉尔先攻西平县第二等登进授为拖沙喇哈番又累授为三等阿达哈哈番后海贼郑成功等侵取镇江瓜州贼兵七千余众登岸时尔击败之又贼兵三万余众登岸时尔击败之又贼兵万余众移营时尔击败之又贼兵十万余众拒战时尔击败之故由三等阿达哈哈番升为二等阿达哈哈番世袭罔替今特授尔阶光禄大夫弘奖忠贞懋勋树德

康熙二十三年五月初三日

99. 特授镇守江宁等处地方将军一等阿达哈哈番额楚为光禄大夫满文诰封碑

（碑文与汉文碑相同）

100. 皇清光禄大夫达岳堪及一品夫人葛克勒氏栢牙喇氏墓碑

（碑阳）

一品夫人葛克勒氏

皇清光禄大夫达岳堪之碑

一品夫人栢牙喇氏

（碑阴）

康熙二十三年岁次甲子秋八月吉日立

孝男驻防协领加三级郑泰

防御美参 都统二等侍卫达郎